아무것도 안하기

빈둥거리기

작가 | 마르쩌윌름스 삽화 | 로나알더르스

민들레나라
Mindeulre Nara

COLOFON

작가: **마르쪄윌름스**
겉장 및 내용 디자인: **조이스 제트호프**
삽화: **로나 알더르스**

© 2020, Uitgeverij Unieboek | Het Spectrum bv. For the original edition.
Original title: Niksen. Lang leve het lanterfanten.
Translated from the Dutch language
www.unieboekspectrum.nl
© 2021, Mindlenara Publishing Co. For the Korean edition
Korean translation rights arranged with Uitgeverij Unieboek
Het Spectrum bv through Orange Agency

이 책의 한국어판 저작권은 오렌지 에이전시를 통해 저작권사와 독점 계약한 민들레나라에 있습니다. 신 저작권법에 의해 한국 내에서 보호를 받는 저작물이므로 무단전재와 무단복제를 금합니다.

발행인 **김선경**
편집기획 **나근희**
편집디자인**이정연**
펴낸곳 **민들레나라** (02-849-9426)

이 책에 대한 모든 권리는 소유되어 있습니다. 이 출판물 내용 중 어느 것도 자동화된 데이터 베이스에 복제하거나 저장할 수 없습니다. 또는 전자적, 기계적 혹은 복사와 같은 어떠한 형태로도 공개할 수 없으며 출판사의 사전 서면 승인 없이 어떠한 방법으로 공개할 수 없습니다.

Maartje Willems & Lona Aalders
마르쪄윌름스 & 로나알더르스

NIKSEN

차례

머리말   6쪽

1 아무것도 안 하기와 시간

시간이라는 문제	26쪽
죽음에 대한 인식	27쪽
따분해하기	30쪽
가벼운 마음으로 아무것도 안 하기	33쪽
일정표 관리는 어떻게 할까?	36쪽
완벽주의의 폐해	38쪽
수면 부족	39쪽
낮잠	40쪽
아무것도 안 하기와 가족	44쪽
아무것도 안 하기와 친구들	46쪽
#고립 행복감	49쪽
휴가 중 아무것도 안 하기	49쪽
•**실용적인 팁**	
시간을 어디에서 낼 수 있을까?	54쪽

2 아무것도 안 하기와 몸

스트레스	62쪽
번아웃	65쪽
보어 아웃	70쪽
에너지	71쪽
앉아있기	73쪽
심장	74쪽
여성과 심장	75쪽
천천히	81쪽
명상하기	87쪽
명상과 학문	90쪽
•**실용적인 팁**	
어떻게 긴장을 풀까?	94쪽

3 아무것도 안 하기와 바깥세상

파라다이스	102쪽
산업혁명	106쪽
페미니즘	108쪽
유행	111쪽
경제능력	112쪽
변동적 유연근무	114쪽
근무시간 축소	115쪽
하찮은 일	116쪽
관심 끌기 전쟁	120쪽
일터에서 아무것도 안 하기	123쪽
미래	127쪽
빈둥거림에 대한 타국의 이해	132쪽
창의성	144쪽
영감	150쪽
생각의 분산	150쪽
미루기	151쪽
•**실용적인 팁**	
주의산만을 없애는 방법	154쪽
맺는 말	**158쪽**
권장 도서	**160쪽**

모든 사람이 쿵푸 파이팅하듯 치열하게 사는 것은 아니야!

"인간에게 완전한 휴식처럼 견디기 어려운 것은 없다. 인간은 그럴 때 자기가 무익하다고 느낀다."

- **아무것도 안 하기란 무엇인가?**

- **왜 그렇게 어려울까?**

- **아무것도 안 하기를 배울 수 있는 방법은 무엇일까?**

- **아무것도 안 하기는 얼마나 즐거울까?**

'아무것도 안 하기'의 세계로 오심을 환영합니다. 빈둥거림이 우리와 함께 영원하길 기원합니다. 아무것도 안 하기는 그저 단순한 기술이 아닌 고도의 기술입니다. 정말로 완전히 아무것도 안 하기는 거의 불가능합니다. 그것이 얼마나 어려운지 그리고 이 주제가 얼마나 오랫동안 다루어졌는지 보여주기 위해 영향력 있는 17세기 프랑스 철학자 블레즈 파스칼의 말을 인용하면서 이 책을 시작하였습니다.

어느 누구도 정말 오래토록 아무것도 안 하는 것은 거의 불가능합니다. 누가 묻지 않더라도 별다른 의미 없이 우리의 목을 조여오는 '존재의 이유'에 대한 질문이 튀어나옵니다. 대답을 쉽게 할 수 없기 때문에 사람들은 대안으로 다른 관심거리를 찾습니다. 그러한 삶에 관한 대답이 나오지 않으면 뱃속에서는 꼬르륵거리는 소리가 들리고 소파에서 일어나 냉장고로 향합니다. 그리고 아무것도 하지 않는 대신 갑자기 스낵을 만들고 있습니다.

로나(이 책의 삽화 담당)와 저(마르쪄, 이 책의 작가)는 현대의 삶이 가져다주는 모든 어수선함과 분주함을 이해하며 지금까지 살아왔습니다. 우리는 '가장 좋은 삶'을 사는 것에 관한 오프라 윈프리의 설명도 들었습니다. 쉬운 일은 아닙니다. 삶이란 나중에 시간이 지난 후에야 잘못 선택했다고 말할 수 있는 선택메뉴와 같은 것이라고 할 수 있습니다. 인스타그램에 포스팅하지 못하는 삶을 선택한 것은 제 탓입니다.

누구도 자신의 인생으로 도박을 하거나 최악이라 생각할 수 있는 인생을 살고 싶은 계획을 세우지 않습니다. 우리는 모두 역경을 잘 이겨내고 자기 안에 있는 성격이나 과거의 악마 같은 모습과 싸우기 위해 자신을 계발합니다.

인간은 수 세기 동안 서로에게 이에 관한 조언과 방법을 전했고, 현재는 실용적이고 편리한 성공의 공식을 통해 그렇게 하고 있습니다. 우리의 불완전성을 감싸주는 행복으로 가는 스무 가지 단계, 혹은 열 가지 이유 등이 그런 것들입니다. 그것들은 언뜻 보기에 꽤 일목요연하고 가능한 것처럼 보입니다만, 우리가 완수해야 하는 이미 가득 차 있는 임무 패키지에 추가될 뿐입니다.

우리는 사랑에 실패한 후에 강한 모습으로 일어나야 합니다. 더 많이 휴식을 취해야 하고 자기만의 시간을 가져야 합니다. 운동하고 건강하게 먹어야 하고 자발적으로 가족 병간호도 해야 합니다. 목적을 갖고 직업을 구해야 하고 가정도 이루어야 합니다. 이것은 로나가 유년 시절부터 번아웃 증후군에 빠질 수 있는 위험 속에서 균형을 유지하며 살고 있고, 저 마르쪄가 산보다 높은 실패에 대한 두려움을 날마다 꼭 극복해야 하는 까닭입니다.

우리는 과도하게 긴장한 머리를 진정시키고 우울한 생각을 갖지 않기 위해 모든 노력을 합니다. 전문가들과 상담을 하고 떠돌아다니기도 하며, 명상, 요가, 필라테스를 배우고 숲속을 산책합니다. 스키 휴가를 다녀오고 토끼와 말을 안아주며 승마도 하고 취미로 공작을 하기도 합니다. 유행했다가 사라지는 라이프 스타일이 그것을 어떻게 해야 하는지 알려줍니다.

명상에 관한 멋진 조언이 가득 담긴 '헤드스페이스'라는 앱은 인생을 행복하고 건강하게 만든다고 호평을 받습니다. 우리는 반드시 꿈꾸는 인생을 살아야만 합니다. 미칠 노릇입니다.

이렇게 짜여진 성취해야 하는 목표가 가득한 가운데 네덜란드 사람들은 최근 수년간 황금알을 부화시키고 있던 것으로 밝혀졌습니다. 그것은 바로 아무것도 안 하는 기술입니다. 그것은 국제적으로 뜨거운 뉴스였고 네덜란드에서조차 충격적이었습니다. 사람들은 너무 놀란 나머지 할 말을 잃어 바늘이 떨어지는 소리가 들릴 정도였습니다. 사람들은 '아무것도 안 하는 기술'을 이해하는지 확인하기 위해 서로를 바라봤습니다.

"무슨 말인지 이해하겠니?"

그들은 남에게 뒤처질까 두려워하며 서로에게 조심스럽게 물어봤습니다. 돌아오는 대답은 "아니."였습니다.

아무도 답을 몰랐습니다.

몇몇 사무실에는 '침묵 공간'이 있었습니다. 하지만 그 공간은 주로 수유를 하거나 구내식당에서 일하는 제니의 송별 파티를 위해 옷을 갈아입는 공간으로 이용되었습니다.

과거에는 잔디밭 위에 막 활짝 피어난 데이지 꽃 사이로 누워있을 때 "거기 누워 아무것도 안 하고 뭐 하는 거니?"라든지 "당장 가서 무슨 유익한 일을 할 수는 없니?"와 같은 비난을 거의 받지 않았습니다. "거기서 아무것도 안 하면서 뭐 하는 거니?"는 누구라도 흔쾌히 받고 싶은 질문이 아닙니다.

그것은 무엇일까요?

아무것도 안 한다는 것은 도대체 무엇일까요? 그것을 연구하는 것은 어렵습니다. '아무것도 안 한다는 것'은 거의 의미가 없기 때문입니다. 아무것도 안 하는 것은 다른 모든 행동이 없음을 뜻합니다. 'Niks(닉스)'는 네덜란드어 '판 달러' 사전에 의하면 '아무것도 아닌 것' 그리고 동사 'Niksen(닉센)'은 '아무것도 하지 않는다'라는 뜻입니다. 단어의 뜻은 즉시 부정적으로 들립니다. '저 사람이 아무것도 하지 않는다. 저 사람이 저기서 게으름만 피우고 있다. 그리고 아무런 효과도 없다'라는 뜻을 담고 있습니다. '명상하다'라는 뜻으로 들릴 수도 있겠지만 그렇지 않습니다.

사회에 아무런 도움이 되지 않는 사람은 아무 곳에도 쓸모없는 사람입니다.

네덜란드어 'niks(닉스)'를 'nix'로 표기한 적도 있었습니다. 이것은 독일어의 영향인 것으로 추정합니다. 18세기 독일어 사전에 'nicks' 혹은 'nix'로 표기되었습니다. 메르텐스 연구소가 찾아낸 20세기 초 출간된 어원사전에는 군인들이 이 단어를 네덜란드에 들여왔을 것이라고 기록되어 있습니다.

그것을 훌륭히 잘합니다.

네덜란드인은 미국 식당에서 후식을 마친 후 곧바로 쫓겨나지 않습니다. 그들은 "Yes, no check yet, please, We are after tabling(네, 계산은 나중에 하겠습니다. 우리는 식사를 마치고 이야기 중입니다.)"라고 떳떳하게 말합니다.

네덜란드의 오래된 속담:
"빈둥거리면 아무것도 이겨낼 수 없다."

'niks(닉스)'라는 단어로 동사를 만들려는 놀라운 생각을 누가 했는지는 알려져 있지 않습니다. 네덜란드인은 명사를 동사로 만드는 데 소질이 있습니다.

석양 무렵 실내에서 작은 등이나 촛불을 켜야 할 정도로 밖이 어두워질 때, 의자나 소파에 앉아 하루의 마지막 아름다운 황금빛이나 편안한 분위기를 즐기고 있다고 가정해보세요. 이것을 네덜란드어로 'natafelen<na(…후) tafel(테이블) en(동사어미)>'이라고 하며 '저녁 식사 후 테이블에 앉아 이야기를 나눈다.'라는 뜻입니다. 식사 후 대화는 최근 고상한 유행이 되었으며 네덜란드인은

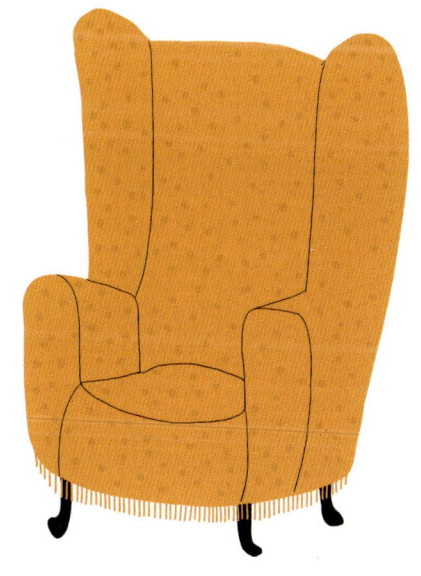

"우리는 여기 지구에서 빈둥거리기 위해 존재한다. 그러므로 다른 어떤 것을 하게 만드는 타인의 말을 믿지 마라."

— 커트 보니것

'niksen(닉센, 아무것도 안 하다)' 단어를 다시 살펴보겠습니다. 이 단어는 'nietsen'으로 표기될 수도 있었습니다. 예를 들어, 아무것도 안 하고 있습니까(nietsen)? 그런데 이 단어는 'niezen(재채기하다)' 그리고 'Nietzche(니체)와 유사하여 바빌론 시대와 같은 언어 혼란을 가져올지도 모릅니다.

'Niksen(닉센)'은 강력한 어감이 있으며 그 자체가 하나의 활동입니다. 특징과 힘이 있습니다. 대통령이 하는 말처럼 강력합니다. 맛없는 곰팡이 핀 치즈처럼 고리타분하지 않습니다.

"나는 아무것도 하지 않고 있습니다(niksen)!"
이 말은 매우 진지하게 들리지만, 사실 그렇지 않을 수도 있습니다.

'빈둥거린다'는 '아무것도 하지 않는다'와 대체 가능한 단어처럼 보입니다. '아무것도 하지 않는다'에는 부정적인 의미가 덜 포함되어 있습니다. 빈둥빈둥 노는 자는 어리석고 게으르며 용기 없는 나약한 실패자 혹은 정신이 흐릿한 사람처럼 보입니다. 빈둥거리는 사람은 시간을 헛되이 쓰는 사람입니다. 시간을 불분명한 일에 허비한다는 뜻입니다. 구걸이나 하면서 돌아다니는 방랑자와 의미가 가장 비슷한 단어일 것입니다.

"아무것도 안 하고 빈둥거리는 사람은 아무것도 이겨낼 수 없다." 라는 네덜란드의 오래된 속담이 있습니다.

클랍로우퍼

또한, 네덜란드어에는 아무것도 하지 않는 사람을 표현하는 일련의 별명들이 있습니다. 걸인 혹은 빌붙어 먹고 사는 자를 뜻하는 '클랍로우퍼'라는 단어는 이들 중 한 예입니다. 많은 네덜란드 욕설처럼 '클랍로우퍼' 역시 고약한 병과 관련 있습니다. 중세시대에 누군가 몹쓸 전염병에 걸리면 아무도 그를 받아주지 않아서 돈을 구걸해야 했습니다.

사람들은 병자가 캐스터네츠와 같은 악기로 자기가 왔다는 신호를 보내면 좋을 것이라고 생각했습니다. 그 악기를 '클랍'이라고 불렀습니다. 여기에서 '클랍로우퍼(거지)'라는 단어가 나왔습니다. 가난하고 병든 사람에게 클랍 악기를 주었고, 그래서 사람들은 그들이 다가오는 소리를 듣고 여유 있게 피해갈 수 있게 되었습니다. 그것은 문제에 대한 상당히 반사회적인 해결책이었습니다.

지금 그러한 해결책을 인사과에 근무하는 한나가 사용한다고 가정해봅시다. 그녀가 아이들에 관하여 이야기하려고 클랍을 딱딱거리며 다가온다면 우리는 재빨리 자리를 피할 수 있습니다. 왜 그렇게 편리한 클랍이 사회에서 사라졌을까요? 아마도 사람들이 누가 그 악기를 들고 다녀야 하는지에 관한 질문에 일반적인 답을 얻지 못해서 그랬을 것입니다. 어느 순간, 모든 사람이 그런 악기를 들고 다녀야 했을지도 모르며 거리가 그 요란한 악기 소리로 가득했기 때문이었을 수도 있습니다.

1990년대 아르얀 에데르베인과 토스카 니터린크는 인기 있던 텔레비전 프로그램 <커피타임>에서 영감을 얻어 시사 풍자 프로그램 <알코올 타임>을 함께 만들었습니다. 두 사람은 프로그램에서 '페이터 판 데어 포오트'와 '엘런 베이'라는 가명으로 따분한 주제를 놓고 초대 손님들과 대담을 나누었습니다. 텔레비전 요리 방송의 요리사 리아 판 에인트호번을 초대했을 때, 대담 주제는 아무것도 안 하기, 즉 닉센(niksen)이었습니다.

이 대담에서 엘런이 자신의 경험을 얘기했습니다. 엘런은 친구와 수상자전거를 타러 가기로 한 약속이 있었습니다. 그런데 그녀의 여자친구 미레일러가 이전에 입은 상처가 아직 완전히 아물지 않아 약속을 취소했습니다. 그때 엘런은 어쩔 수 없이 아무것도 하지 않게 되었습니다. 그녀는 갑자기 할 일이 없어져서 정신적 공황 상태를 겪게 되었습니다. 파스칼이 경고한 것과 똑같은 '완전한 휴식' 시간이었을 것으로 추측합니다. 텔레비전 방송에 이 주제가 다루어진 것은 우리 인생에서 처음이자 마지막이었으며 곧바로 다시 사회적 논쟁거리가 되었습니다.

우리는 많은 자유시간을 가지고 있습니다. 그런데 그 시간으로 무엇을 해야 할까요?

공허한 눈으로 앞을 멍하니 바라보지 마십시오. 그럼 엘런이 공백기에 겪은 공황 상태가 찾아오기 때문입니다.

요한 크라위프가 축구에 관하여 남긴 말이 아무것도 안 하는 것에도 적용될 수 있습니다. 아무것도 안 하는 것은 단순합니다!

네덜란드인에 대한 여러 가지 평가가 있습니다. 네덜란드인은 단도직입적이고, 불평이 많고 논쟁을 좋아하는 민족입니다. 그리고 많은 상인이 네덜란드 역사에 중요한 인물로 등장합니다. 그래서 네덜란드인은 관용적이라고 평가받습니다. (네덜란드인은 팔 수만 있다면, 누구에게 파는지는 중요하지 않습니다.) 그리고 흥정을 자주합니다.

유명한 네덜란드식 '폴더모델(협의모델)'이 있습니다. 이것은 모든 사람이 어느 정도 합의를 이루기까지 계속 협상하는 것입니다(그래서 물건을 팔 수 있게 될 때까지). 아무것도 안 하는 것이 남들에게 인정을 받는다고 말할 수는 없습니다. 물론 받을 수도 있습니다. 몇 시간 정원에서 일했거나 동네에서 작은 범죄자를 잡았거나 체육관에 다녀왔거나 남은 설거지를 다 마친 후라면, 잠시 앉아 있을 수 있습니다.

아무것도 안 하는 것의 장점은 목표가 전혀 없다는 것입니다. 그런데도 아무것도 안 하는 것이 왜 좋은지 알리겠다는 생각으로 이 책을 시작했습니다. 생각을 잠시 날려 보내고 머리를 완전히 비울 수 있는 시간을 갖기 때문에 마음의 안정을 찾습니다. 건강에 좋습니다. 몹시 분주한 삶 속에서 잠시 멈출 수 있기 때문입니다. 창의력에 좋은 영향을 미칩니다. 아무것도 안 할 때 갑자기 기발한 아이디어가 생겨나기 때문입니다. 주머니 사정에도 좋습니다. 돈이 들지 않기 때문입니다. 우리는 목표로 가득한 함정에 빠져 있습니다. 우리들이 책을 읽고 사람들과 대화를 하면서 이 주제를 깊이 심층 조사하는 동안, 아무것도 안 하는 것의 가장 좋은 점은 다른 유익한 일을 하지 않아도 된다는 것임을 알았습니다. 그것은 어떤 것에도 좋지는 않지만, 달콤합니다.

요한 크라위프가 축구에 관해 남긴 말이 아무것도 안 하는 것에도 적용될 수 있습니다. 아무것도 안 하는 것은 단순합니다. 그러나 단순하게 아무것도 안 하는 것은 가장 어렵습니다. 아무것도 안 하는 것에는 많은 적이 있습니다. 그리고 확실하게 아무것도 안 하는 것은 어렵습니다. 계획을 짜는 것도 어렵습니다. 그 일에 시간을 빼앗기기 때문입니다.

우리는 일정표에서 어떤 것들을 반드시 삭제해야 합니다. 그러나 다른 것으로 채우면 안 됩니다.

저녁에 드라마 시리즈를 보는 것은 아무것도 안 하는 것이 아닙니다. 긴장을 풀며 자신만의 문제에 잠시 매달리고 있지 않은 것은 분명합니다. 그러나 다른 사람의 문제에 많은 관심을 기울이고 있습니다. 그것은 관심을 돌리는 것입니다. 그리고 다른 곳으로 탈출하는 것입니다. 저녁 식사 후 저녁 일과를 시작하기 전에 타이머를 손에 들고 멍하니 앞을 바라보는 것도 아무것도 안 하는 것이 아닙니다.

소파에 앉아서 핸드폰을 들고 사진을 스크롤 하는 일, 부엌에 가서 서서히 끓고 있는 죽을 손가락에 찍어 맛을 보는 것, 잡지를 뒤적거리거나 친구와 문자를 주고 받는 것은 '잡다한 일을 하는 것'입니다. 인지적 능력이 거의 필요하지 않고 시간 압박은 없지만 무엇인가를 하는 일들입니다. 아무것도 안 하는 것은 이런 모든 것과는 전혀 다릅니다.

정의

아무것도 안 하는 것이란 감시 받지 않는 순간에 아무런 해야 할 것이 없고, 해야 할 어떤 것도 생각하지 않는 것입니다. 혹은 수행하는 모든 활동을 취소하고 그 대신 정말로 아무것도 안 하는 것을 말합니다.

아무것도 안 하는 것은 상당한 연습을 요구합니다. 사람들은 그것을 가볍게 시작하지만, 정신을 자주 '가다듬어'야 합니다. 지루하게 여기거나 무엇인가 유익한 것을 다시 해야 한다고 생각하기 때문입니다. 아무것도 안 하는 기술은 살면서 얻은 생각들에 주의를 빼앗기지 않는 것이며 계속 아무것도 안 하는 것입니다. 수없이 마시는 커피를 어느 한순간 창문 밖으로 던져버리고 싶고, 잠시 완전히 무감정 상태로 모니터 앞에 앉아 있는 자신을 발견합니다. 하루라는 시간이 너무 부족하다는 생각이 들고 어찌할 바를 모른 채 갑자기 창문 앞에 서 있는 자신을 발견합니다. 어떻게 거기에 가 있는지 알지 못합니다.

그것이 짧은 순간이라 하더라도 계속 그렇게 유지해보세요. 그런 순간은 고양이가 온종일 갖는 것과 같은 달콤한 순간일 수도 있습니다. 아무것도 안 하는 것의 힘은 아무런 가치를 두지 않으며 기분 좋게 마음이 가벼워지는 것입니다.

시계는 계속 똑딱거립니다. 그러나 항상 쳐다볼 필요는 없습니다.
그냥 한번 잊어버리세요.

이 책은 아무것도 안 하기를 진정한 라이프 스타일로 만들려는 희망적인 시도입니다. 의무와 기대로 가득 차서 번 아웃과 보어 아웃 그리고 우울증을 앓는 시간에, 거기에서 잠시 벗어나기 위해 아무것도 안 하기를 해보는 것은 좋은 시도입니다. 시계는 계속 똑딱거립니다. 그러나 항상 쳐다볼 필요는 없습니다. 그냥 한번 잊어버리세요. 명상의 세계에서는 명상할 시간이 없을 때, 다시 안정을 찾기 위하여 명상을 두 배 더 해야 한다고 말합니다.

여러분이 실제로 그 어떤 일도 하지 않는 것에 열정적이 되어서 모든 것을 미룰 수 있는 능력을 갖추게 되길 바랍니다. 우리는 시간을 인식하지 않고 편하게 빈둥거리기 위해서는 세 가지 조건이 필요하다고 생각합니다. 즉, '앞서 언급한 시간을 갖기, 내적인 안정을 취하기, 그리고 바깥세상의 불평불만에 관심 두지 않기'입니다.

기본 조건
아무것도 안 하려면 다음 세 가지 기본 조건을 갖추어야 합니다.

시간, 정신적 안정, 그리고 좋은 장소

다음은 매우 빨리 검토해볼 수 있는 목록입니다. 아무것도 안 할 수 있는 순간을 만나게 된다면, 가령 일이 일찍 끝났거나 약속이 갑작스럽게 취소된 경우 아래 질문을 생각해 볼 수 있습니다.

- 시계를 더 이상 쳐다볼 필요가 없을까?
- 내 머리가 뒤얽힌 생각으로 폭발하지 않을까?
- 내가 멋지게 아무것도 안 할 수 있는 장소에 있을까?

이 세 가지 기본 조건을 잠시 살펴보겠습니다.

1. 시간

　　가장 중요한 것은 시계를 바라보지 않는 것입니다. 다른 말로 하자면, 시간에 제약이 없습니다. 섹스와 마찬가지로 아무것도 하지 않는 것은 미리 계획할 수 없습니다. 가능은 하겠지만 기계적으로 되어서 본질을 망가뜨립니다.

　　시간이란 정확히 무엇일까? 시간은 아주 꾸준히 똑바로 째깍째깍 가고 있는데, 왜 사람들은 시간을 '낭비'하거나 '끈다'라고 말할까? 시간이 가끔 더 빨리 가는 것처럼 느껴지는 이유는 무엇일까? 시간에 대한 이러한 철학적 질문들은 자주 대답을 찾지 못한 채로 남습니다.

　　아무것도 하지 않는 것에 관한 질문은 주로 다음과 같습니다. 시간에 관하여 알고 있는 모든 것을 영원히 생각하지 않을 여유가 있을까? 시간을 잊어버리거나 최소한 시간을 더 이상 주목하지 않을 여유가 있을까? **그럴 수 있다면 첫 번째 장애물은 넘었습니다.**

2. 정신적 안정

　　가장 바람직한 것은 아무것도 안 하고 있다는 것을 인식하지 않는 것입니다. 몇 시간(혹은 분)동안 완전히 없어지기라도 한 것처럼 사라져보세요. 그렇게 하기 위해서는 '아무것도 하지 않는 것이 삶의 일부일 수 있다.'라고 완전하게 받아들일 때까지 연습이 필요합니다. 처음 시작할 때는 모든 자극과 생각에 주의를 빼앗기지 않기 위하여 마음이 안정되어 있는지 우선 점검해야 합니다. 하루에 커피 6잔을 마셨다면 아무것도 안 하고 있다는 것을 인식하지 않으려고 해도 의미가 없습니다. 그럴 때는 힘이 많이 들고 자기 자신에 대하여 그리고 간접적으로 아무것도 하지 않는 것에 대하여 불편한 느낌이 듭니다. 그런 다음에는 포기합니다.

　　그것은 마치 까다로운 식습관으로 인하여, 먹어도 될 것과 먹지 말아야 할 것을 많은 책을 뒤적거려 찾고, 금지된 음식을 실수로 먹었다는 사실을 알게 되는 순간, 식사 습관 전체를 뒤엎는 복잡한 다이어트와 같습니다.

　　아무것도 하지 않는 순간은 주기적으로 찾아옵니다. 그 순간을 알아차리는 것을 배워야 합니다. 해야 할 일 목록에 있는 많은 것을 미룰 수 있습니다. 우리는 목록에 있는 모든 것을 완전히 잊어버리기 위하여 삭제하고 싶어 합니다.

하지만, 미루는 것도 꼭 잘못된 것만은 아닙니다. 가끔 너무 많은 것들이 해야 할 일 목록에 올라 있습니다. 식기세척기처럼 무엇을 제거하는 것은 매우 고상한 일입니다. 하지만 사실 깨끗해진 접시는 필요한 순간이 되어야 세척기에서 꺼내 쓸 것입니다. 어떤 때는 그릇장에 들여놓지 않을 때도 있을 것입니다.

보너스 시스템을 믿고 일하지 마세요. 내가 오늘 아무것도 안 할 수 있을 정도로 열심히 일을 충분하게 했겠지? 이 질문에 대한 대답은 '예'이기 때문입니다.

마음의 여유가 있습니까? 네? 좋습니다! 그럼 계속 할 수 있습니다.

3. 좋은 장소

우리는 모든 생각을 완전히 내려놓을 준비가 거의 되었습니다. 옷을 다 벗어버리고 잠시 끝없이 아무것도 안 하는 것에 빠져들 준비가 되었습니다. 마지막 장애물은 주변 환경입니다. 사람들이 함께 있어도 됩니다.

당연합니다. 그러나 그들은 내가 구석에 혼자 앉아 있어도 아무 상관이 없다고 여겨야 합니다. 물건을 여기저기에 옮겨 놓을 수는 있습니다. 하지만 더는 안 됩니다. 주변 사람들 예를 들어, 동료나 자녀는 같이 있을 수 있고 질문을 해도 됩니다. 그러나 그들은 나를 비난하거나, 내가 시간을 '낭비'하고 있다는 느낌을 나에게 주지 말아야 합니다. 그들로부터 내가 아무런 방해를 받고 있지 않다면 아주 좋습니다.

그러나 그들의 의심쩍어하고 거부하는 듯한 눈빛은 아무것도 안 하기를 어렵게 만듭니다. 그때 우리는 숙제나 시험에 관한 질문을 계속하는 부모를 벗어나고 싶어 하는 십 대 청소년과 같은 처지에 놓입니다. 모두 여러분의 행동을 이해해야 합니다. 주변 사람 중 누가 나를 이해하지 못한다면 이 책을 그들의 코 밑으로 내밀어보세요.

이 세 가지 조건이 갖춰져 있다면, 아무것도 안 하기를 멋있게 시작할 수 있습니다. 세 가지 중 하나 혹은 세 가지가 모두 갖추어져 있지 않을 때조차 무엇을 할 수 있는지 이 책을 통해 알 수 있을 것입니다.

아무것도 하지 않는 놀라운 세상에 오심을 환영합니다.

아무것도 안 하기와 시간

- **시간이란 무엇인가?**

- **시간이 우리를 어떻게 사로잡고 있는가?**

- **아무것도 안 하는 것이 주는 특별한 편안함**

- **함께 아무것도 안 하기**

사람들에게 아무것도 안 하기와 관련하여 기억나는 것이 무엇이냐고 질문하면 자주 어린 시절을 떠올립니다.

자명종이 울리기 전 어떻게 일어났는지, 어떤 옷을 입었는지, 무엇을 먹었는지 생각합니다. 그다음에는 무엇을 하려고 했는지를 생각할 것입니다. 그들은 바비 인형의 성에 사는 상상을 했거나, 하고 있던 전쟁놀이를 계속했을 것입니다.

어린이의 시간 개념이 아직 발달하지 않았지만, 그들 주변에는 시간을 주목하는 성인들이 있습니다. 따라서 어린이는 시간이라는 개념을 완전히 잊을 수 있습니다.

성인인 우리는 시간을 항상 의식합니다.

휴가 중에는 시간이 존재하지 않는 순간들이 있을 수 있습니다. 하지만 우리는 일상생활에서 시간을 어떻게 다시 찾을 수 있을까요? 시간이 잠시 중요하지 않다면 그 시간을 '잊을' 수 있는 방법은 무엇일까요?

30분간 아무것에도 신경을 특별히 안 쓰면서 모든 걱정과 책임을 내려놓는 것은 쉽지 않**습니다.** 아무것도 안 하기에 관한 일반적인 생각은 아무것도 안 하기가 다루어야 할 의제가 되면 안 된다는 것입니다. 여러 라이프 스타일 코치들은 아무것도 안 하기가 심장에 좋고 십 년은 젊게 해준다고 외칩니다. 그렇기 때문에 우리도 반드시 아무것도 안 해야 하는 것은 아닙니다. 아무것도 안 하기는 모두에게 가치를 인정받아야 합니다. 그래서 각자 많은 고심을 하지 않고 방해받지 않는 상태로 그냥 가끔 빈둥거릴 수 있어야 합니다.

이제 아무것도 안 하기까지 한 걸음만 더 나가면 된다는 것은 좋은 소식입니다. 유일하게 남은 일은 이 책을 내려놓고 새로운 활동을 시작하지 않는 것입니다. 아무것도 안 하는 것을 돕기 위해 이 장에는 마음을 매우 편하게 해주는 그림이 펼쳐져 있습니다.

시간이라는 문제

네덜란드 철학자 요커 헤름선은 좀 더 편안한 삶을 위한 운동을 벌이고 있습니다. 그녀는 경제 위기가 한창이던 2009년 일을 더 하는 대신에 덜 하자고 이미 주장했습니다. 그녀는 그동안 주당 25시간 근무를 제안했습니다. "당장 실업률 일부가 해소되고 많은 스트레스와 번아웃 증상에서 벗어나며, 우리 자신과 세계를 위하여 더 많은 관심을 기울일 수 있습니다. 왜 사람들은 '더, 더 많이, 더욱더'라고만 말하고 더 이상적인 성향을 지닌 생각을 하지 않을까요?"라고 그녀는 『필로소피 매거진』과 가진 인터뷰에서 말했습니다.

그녀는 사람들이 겨우 끼워 넣을 수 있는 약속으로 일정표를 가득 채우지 말고 곧바로 다른 일을 하지도 말고 휴식을 자발적으로 자주 취해야 한다고 주장합니다. 편안하게 게으름을 피우다 보면 다른 것을 보게 되고 갑자기 다른 생각이 떠오릅니다. 그녀는 현대인이 시간에 대하여 어떻게 생각하는지, 시간이 우리 삶을 어떻게 지배하는지에 관한 책을 여러 권 썼습니다. 우리가 일해야 하는 고정된 시간을 생각해보세요. 학창 시절에는 몇 시간 동안 숙제를 할 것인지 스스로 정했습니다. 지금은 모든 사람이 임무를 수행하는 데 동일한 시간이 필요하지는 않습니다. 그러나 노동자가 일과를 마치려면 정해진 시간만큼 근무해야 합니다. 우리는 정신적으로는 몇 시간 연속 일터에 있지 않으면서 8시간 혹은 9시간이나 그곳에 머물러야 합니다. 어리석은 행동입니다. 그리고 우리는 그 시간을 주목하지도 않습니다.

죽음에 대한 인식

우리는 이 땅에서 사는 시간이 제한되어 있고 언젠가는 삶이 끝난다는 것을 알고 있습니다. 그것은 축복이자 저주입니다. 우리는 행복한 감정을 강렬하게 누리는 방법을 배우지만, 인생이 사라지는 것을 두려워합니다.

무슨 일이 생길지 스스로 자문해봅니다. 그렇지만 그것은 기분 좋은 생각을 가져다주지 않습니다. 그래서 다른 관심거리를 찾습니다. 그렇게 시간을 '낭비하는 것'은 가치가 낮은 활동입니다. 인생은 짧습니다. 언제 끝날지 모릅니다. 그러니까 인생에서 모든 걸 얻어내십시오! 최고의 삶을 사는 방법을 배우세요. 이 삶이 끝난다는 것을 아는 것은 선물입니다. 그래서 우리는 죽을 때까지 즐겨야 합니다. 인생은 아름답지만 죽음이 덜 아름답다는 것은 역설적입니다. 그러나 죽음으로 인생은 더 아름다워집니다. 혹은 어쨌든 특별해집니다. 그저 떠돌아다니는 것만으로 인생을 낭비하며 사는 것은 선택사항이 아닙니다.

> *연대기가 시작되기 전 수천 년간 명상은 존재해왔습니다. 지금은 모든 면에서 발전했습니다. 그러나 아무것도 안 하기는 아직도 존재하지 않습니다.*

인류학자 앨런 라이트만은 2018년 출간한 책 『시간 낭비 예찬』에서 시간을 무익하게 보내는 것을 찬양했습니다. 그는 그것을 짜임새가 없고 목적이 없는 시간으로 묘사했습니다. 따라서 친구와 점심을 같이 먹는 것도 시간 낭비로 볼 수 있습니다.

돈을 빌려달라고 부탁하고 싶어서라든가, 일상의 유익함을 지닌 무엇을 알아내려고 하거나 얻기 위하여 친구와 점심을 먹으러 가는 경우는 그렇지 않습니다.

그는 또한 사람들 대부분이 이미 수 세기 동안 휴식을 찾고 마음의 안정을 구하며 그 터무니없는 스트레스를 줄이려 한다고 강조합니다. 연대기가 시작되기 전 이미 수천 년간 명상은 존재해왔습니다. 지금은 모든 면에서 발전했습니다. 그러나 아무것도 안 하기는 아직도 존재하지 않습니다.

라이트만은 자신의 책에서 몇 가지 재미있는 연구를 언급합니다. 그중에는 버지니아 대학교와 하버드

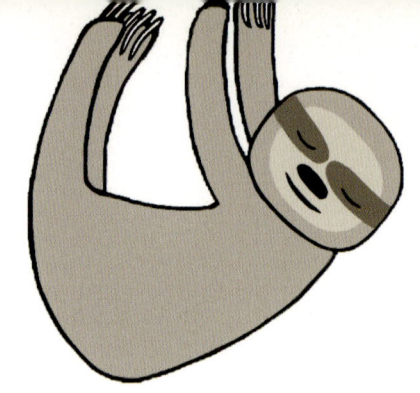

대학교 학생들이 12분간 한 방에서 어떠한 즐거움도 없이 조용히 혼자 앉아 있어야 했던 연구가 있습니다. 그 방에는 다른 시설이 거의 없었습니다. 단추가 하나 있었고 그것을 누르면 전기 충격이 가해졌습니다.

그들은 테스트를 시작하면서 "기분이 좋지 않아. 무슨 일이 있어도 단추를 누르는 것은 피할 거야." 라고 말했습니다.

두 가지 규칙이 있습니다. 학생들은 잠을 자거나 일어날 수 없습니다. 남학생 중 67% 그리고 여학생 중 25%는 스스로 충격을 느껴보는 것을 선택했습니다.

그 이유는 인간의 성격과 관련이 있지 않을까요? 프랑스의 철학자 블레즈 파스칼은 지구상의 모든 고통이 단순하게 주어진 상황에서 나온다고 했습니다. 즉, 사람들은 편안히 조용한 가운데 혼자서 방에 계속 앉아 있는 것을 힘들어 합니다.

"디지털 모니터가 인간의 현실 세계를 대신하고 연인들은 소셜앱들을 통해 연락을 항상 유지하기 때문에, 사람들은 혼자 있는 것을 항상 두려워할 것이다. 나 자신과 함께 있거나 내가 누구인지를 아는 것은 거의 불가능하다고 생각한다. 우리가 놓치는 가장 큰 것은 사실상 나 자신이다." 라고 라이트만은 말합니다. 아무것도 안 하고, 고심하고, 지루해하고, 내가 누구인지 알려면 우리에게 시간이 필요합니다.

프랑스의 철학자 블레즈 파스칼은 지구상의 모든 고통이 단순하게 주어진 상황에서 나온다고 했습니다. 즉, 사람들은 편안히 조용히 혼자서 방에 계속 앉아 있는 것을 힘들어 합니다.

나무늘보와 그물침대

동물의 세계에서는 아무것도 안 하기가 매우 중요합니다.
동물은 잠을 많이 자고 가끔 작은 동물을 먹잇감으로 사냥합니다.
그런 다음에는 신이 나서 다시 보금자리로 돌아가는 생활이 모두 완벽해 보입니다.
인간은 시간을 측정 가능한 개념으로 만든 유일한 동물입니다. 동물은 긴장을 푸는 것에
관한 한 잘 준비되어 있습니다. 하지만 단점도 있습니다. 동물은 인간처럼 그들의 모든 천적을 이
길 수는 없습니다. 그리고 그들은 사실 악몽 같은 경험을 가질 때 할 수 있는 것이 없고 자기 계발을
할 수 없습니다. 사람들은 가끔 부러워하는 눈으로 집안에서 키우는
동물을 바라봅니다. '나무늘보는 그물침대에 누워있는 것처럼 어떻게 저렇게 기분 좋게
시간을 보낼 수 있을까?' 라고 생각하며 궁금해합니다. 나무늘보에게는 자아의식이
없기 때문입니다. 자아의식의 부재는 도움이 됩니다.
그렇지만 인간이 동물에게서 긴장을 푸는 방법을 배울 수 있을까요?

털 달린 나무늘보는 매일 10시간 잠을 자지만 그렇게 많이 자는 것은 아닙니다.
나무늘보는 매우 느리게 움직이기 때문에 에너지를 거의 사용하지 않습니다.
여기에 큰 단점이 가까이 있습니다. 나무늘보는 매우 적게 먹습니다. 그렇지 않으면 뚱뚱해지고
나무에서 떨어질 것입니다. 다른 단점은 그들은 오랜 시간이 지나면 똥을 싸려고 머물던 자리를 한
번씩 떠납니다. 나무늘보는 특별한 장소에서 똥을 싸며 그곳에는 다른
나무늘보들도 똥을 싸러 옵니다. 그 장소는 짝을 짓기 위해 만나는 장소가 됩니다.
섹스 상대를 찾는 곳입니다. 그들은 일주일에 한 번씩 그렇게 합니다. 파트너에게 처음부터 바로
자신의 가장 추한 모습을 보이는 것이 이상적이지는 않습니다.
우리가 작은 야망을 품고 있다면 나무늘보의 행태를 따라하면 안 됩니다.
먹지 않는 것은 잘 어울리지 못하는 것이며 자신의 배설물을 옆에 두고 파트너를 만날 수는 없습니다.
그리고 그것은 차세대 'Tinder앱(데이트를 위한 앱)'이 아닙니다. 코알라도 마찬가지입니다.
그들은 하루 중 대부분 잠을 자고 오직 월계수만 먹습니다. 사람에게는 먹는 것이 너무나 중요합니다.
그것은 행운을 발사하는 대포이며 삶의 의욕, 에너지 그리고 흥겨움을 가져다줍니다.
그래서 인간은 먹는 것을 포기할 수 없습니다.

아무것도 안 하는 것에는 따분해하는 것이나 따분함에 대한 두려움과 같은 상당히 많은 적이 있습니다. 사람은 온종일 정처 없이 떠돌아다니거나 누워 있을 수 없습니다. 오직 고양이만 그렇게 할 수 있습니다. 그리고 나무늘보와 몇몇 다른 동물도 가능합니다.

   그렇지만 아무것도 안 하는 것과 따분해하는 것 사이에는 (아마도 가느다란) 구분선이 존재합니다. 너무 오랫동안 아무것도 안 하면 따분해할 것입니다. 그것이 몹시 나쁜지는 의심해볼 필요가 있습니다. 현대인이 따분해하기는 매우 어렵습니다. 우리가 취할 수 있는 즐길거리가 너무 많기 때문입니다. 기차 안이나 대기실에서 우리의 관심을 끄는 멋지고 '긴급한' 콘텐츠를 담은 6개의 서로 다른 앱들을 멀리하려고 노력해보세요.
   우리 주변에서 한 어린아이가 구슬을 가지고 놀다가 구슬이 코안에 들어가 비명을 지르고 괴로워하며 날뛰고 있다고 가정해 봅시다. 그러는 와중에도 우리는 멕시코 지하 갱단의 마약 범죄를 다루는 드라마 시리즈를 디지털 모니터로 보고 있을 것입니다. 우리가 용감하게 맞서야 하는 유일한 것은 '요즘은 아무도 서로에게 더 이상 관심을 두지 않아.' 라고 생각하는 사람들의 힐책어린 곁눈질입니다.

   영국의 심리학자 샌디 만은 『따분함의 과학』이라는 책을 썼습니다. 그녀는 따분함을 21세기의 저주라고 불렀습니다. 사람들이 자극을 많이 받으면 받을수록, 더 많은 자극을 찾기 때문입니다. "우리는 판에 박힌 일상생활과 그 생활이 반복되는 것을 참아내는 능력을 잃고 있다." 사람들은 여러 가지 방법으로 고요함을 찾습니다. 예를 들면, 핸드폰 없는 휴가를 계획하거나 정숙을 요구하는 휴양지를 찾습니다.
   샌디 만은 사람들이 따분해하는 것을 최소한의 기능을 가진 어떤 행위를 전혀 생각할 수 없는 상태가 아니라, 하고 싶은 것을 전혀 생각해낼 수 없는 상태라고 묘사했습니다. 정말로 철저히 아무것도 안 하는 것은, 홀로 독방에 갇혀 있는 상태에서 이미 3번 자위를 한 후, 근육통으로 4번째 자위를 할 수 없을 때만 가능합니다. 그리고 오르가즘 역시 아주 즐거운 것입니다. 따분해하는 것은 현재 상태에 대한 불만으로 짜증이 나는 것입니다.
   샌디 만에 따르면 사람들은 따분함을 그대로 놔둘 수 없습니다. 그래서 온라인 쇼핑 혹은 바보 같은 게임과 같은 '가치 없는' 활동으로 따분함을 해소하려고 합니다.

재미있는 것은 온라인 쇼핑을 할 때 남성은 빨리(26분 후) 따분함을 느끼지만, 여성은 2시간이 지난 뒤에야 따분함을 느끼기 시작한다는 것입니다.

샌디 만은 그녀의 책 내용으로 강연도 했습니다. 그녀는 강연에 참석한 사람 중 99%가 질문을 받았을 때, 어떻게 따분하게 느낀다고 예외 없이 말하는지 설명합니다. "그러나 자부심이 가득찬 표정으로 손을 들고 전혀 따분함을 느끼지 않는다고 말하는 사람도 항상 있다." 라고 샌디 만은 말합니다. "그것이 사실이거나 사실이 아닐지라도(나는 그들이 따분함을 정말 한 번도 경험하지 못했다기보다는 따분함을 다스릴 수 있는 놀라운 방법을 발견했다고 추측한다.), 이것이 모든 사람에게 의미하는 바는 분명하다. 오직 비활동적이고 게으른 사람만이 따분하다고 느낀다."

재미있는 것은 온라인 쇼핑을 함에 있어 남성은 빨리(26분 후) 따분함을 느끼지만, 여성은 2시간이 지난 뒤에야 따분함을 느끼기 시작한다는 것입니다.

페이터 토우헤이 그리스 로만 어문학 교수는 따분해하는 것에 대해 연구했습니다. 그는 몸이 생산하는 도파민의 양에 따라 어떤 사람은 다른 사람보다 더 빨리 따분해한다는 결론을 내렸습니다. 그는 따분해하는 것은 건강에 도움이 될 수도 있다고 주장합니다. 따분함이 느껴지는 것은 어떤 상황이 나에게 좋지 못하다는 경고일 수 있기 때문입니다.

그리고 회의장에서 재미없는 토론자의 말을 들을 때와 같은 따분함을 가질 때, 우리는 딴생각을 할 수 있고 그것은 창의력을 가져올 수도 있습니다. 우리가 스스로 지적이고 영리하다고 생각한다면, 따분해하는 것을 유식하게 '권태감'이라고 부릅니다.

이 단어는 따분함보다 고상하게 들리며 반드시 필요한 것처럼 여겨집니다. 니체에 따르면, 가장 창의적으로 되기 위하여 많이 따분해하는 것이 필요합니다. 그는 따분해하는 것을 '창의성의 거침없는 바람'이 불기 전에 생기는 '정신의 불편한 무풍상태'라고 불렀습니다. 그 상태는 잠시 고통스럽습니다. 그러나 우리는 그 고통으로부터 결실을 거둘 수 있습니다. 니체는 일을 해야 하기 때문에 매일 끌려가듯 일터로 가는 사람들의 현실을 혐오했습니다.

그들은 어려서부터 지시를 받습니다. 그리고 일 년에 단 3주만 휴가를 쓸 수 있었습니다. 니체는 이를 어처구니없이 부족하다고 생각했습니다. 그는 일하려고 이곳저곳 다니는 노동자에게서 휴가를 빼앗을 수 없다고 저서 『아침놀』에 썼습니다. 노동자들이 그것에 반대하여 저항해야 한다고 생각했기 때문입니다.

"과도하게 일하는 세기에 소위 이상적인 휴식이라고 부르는 휴가가 주어졌으며, 이때 노동자들은 마침내 그들이 바라는 만큼 게으름을 피우고 순수해지고 유치해질 수도 있다."

가벼운 마음으로 아무것도 안 하기

네덜란드의 철학자 아웨이 프린스는 따분함을 주제로 박사학위를 받았습니다. 그는 학위 논문에서 마르티뉘스 네이호프의 시 <시간이라는 당신>을 인용했습니다.

… 고요함이 흐른다, 단지 형태가 없을 뿐
태풍이 불기 전 고요함이 흐른다,
그러나 그곳에는
귀가 듣지 못하는 소리가 들리는
그런 고요함이 흐른다.

아웨이에 따르면 그런 고요함은 너무 강렬히 갈망하지 않고 따분함과 너무 치열하게 싸우지 않으면 볼 수 있는 세계라고 합니다. "따분해하는 것은 일반적으로 불만족스러운 상태다. 누구도 즐겁게 따분하다고 말하지 않는다. 아무것도 안 하는 것은 따분해하는 것의 즐거운 한 단면이다."라고 아웨이는 설명합니다. "우리 네덜란드인은 아무것도 안 하는 것은 그만두고라도 누구보다도 쉽게 휴식을 취하지 못한다는 사실과 힘겨운 싸움을 하고 있다. 우리는 모두 그러한 강한 노동 정신을 가지고 있기 때문이다. 우리는 아무것도 하지 않기 위하여 다람쥐 쳇바퀴 생활을 벗어나는 데 성공한 모든 사람에게 믿기지 않을 만큼 매료되어 있다. 게으름을 향한 예찬, 우리는 이것을 프랑스에서나 기대할 수 있다. 마르크스의 사위 폴 라파르그는 19세기 『게으름에 대한 권리』라는 다소 논쟁의 여지가 있는 책을 발표하였다. 그는 이 풍자적인 책에서 자신의 장인에게 정면으로 맞서며 주로 짧은 근무 시간을 주장했다.

인간은 '과도하게 긴장한 동물'이 아닌가?, 인간이 결코 아무것도 안 할수는 없는가?라는 일반적인 질문이 제기된다. 그리스어에 단어 '스쿨(school)'의 어원인 '스콜레(scholè)'가 있다. 이 단어의 원래 뜻은 '자유시간'이다. 즉, 아무것도 할 필요가 없는 시간이다. 그러나 그리스인들은 자유시간에 무엇을 했는가? 그들은 자신들의 호기심을 채웠고, 경외심으로 세상을 연구하고 자기 자신을 연구했다. 소크라테스를 생각해보자. 그는 "생각하지 않고 보낸 하루는 살지 않은 하루다."라고 말했다. 그리스인들이 모두 다 진정한 자유시간을 갖기는 불가능했다. 그러나 우리에게는 안식일 또는 휴일이 있다. 노동을 마친 후에는 편안한 휴식을 취한다. 그래서 우리는 아무것도 안 할 자격과 자유시간을 받을 정당한 자격이 있다. 그리고 그것들은 고마워해야 할 선물이다. 아무것도 안 하는 것은 게으름을 피우는 것이고 게으름이 악마의 유혹이라는 기독교의 가르침도 물론 있다. 우리 네덜란드인은 이 가르침 때문에 힘들어한다. 아무것도 안 하면 비생산적이고 게으른 사람으로 낙인이 찍히고 비난을 받는다. 우리는 자유시간을 가지고 무엇을 해야 할지 전혀 몰랐던 지난 25세기라는 시간을 우리에게서 떨쳐버릴 수 없다."

> *아무것도 안 하는 것은 게으름을 피우는 것이고, 게으름이 악마의 유혹이라는 기독교의 가르침도 물론 있다.*

그래서 우리가 일이 끊기는 것을 두려워 하고 과도하게 긴장하고 번아웃과 같은 현상에 지나치게 몰두하는 이유일 수 있습니다. 네덜란드인들은 길에 구멍이 있으면 매끈하게 메워 즉시 보수하기를 원합니다. 그리고 어떤 건물이 비어있으면 비록 임시적이나마 무단 주거 침입을 막기 위해 건물의 기능을 마련하려고 합니다.

아웨이가 말합니다. "지난 수십 년간 잘 관찰하며 반응하는 풍조, 즉 사회에 대하여 반응만 하는 여러 풍조가 있었다. 히피가 유행할 때는 편안함을 추구하고 스트레스를 받지 않으려고 했다. 그런 다음에 칼 호노레와 친구들의 'Slow' 운동이 일어났고 그들의 주장은 'slow food, slow sex, slow cities…'와 같은 것들이었다. 그것은 '우리는 모두 다 서둘러야 한다.'라는 주장에 저항하는 운동이었다. 'Slow'는 십 년에서 이십 년간 유행여였다. 소위 '타임아웃'도 같은 경우다. 그것은 스트레스를 감당하려고 사용했던 용어다. 그래서 그것들은 실제로 흥미롭지 않다. 그러한 용어들의 등장은 계속 잘해보려는 생각에 집착하는 반응이다. 즉, 서둘지 않고 일어나서 계속 나아가려는 생각이다. 'Niksen(아무것도 안 한다)'이라는 단어가 가진 흥미로운 점은 아무것도 안 하는 것이 부끄럽지 않다는 것이다. 아무것도 안 하기는 의식과 무의식 사이에 있거나 삶과 죽음 사이에 있는 이상한 공간조차도 매우 쉽고 가볍게 왔다 갔다 할 수 있는 방법일 수 있다. 그리고 이것은 아무것도 안 하기를 매혹적으로 만든다." 따라서 아무것도 하지 않을 때는 목적을 가지고 무엇을 이루려고 하지 않는 것이 매우 중요합니다. 아무것도 안 하기는 몸으로 하는 것이 아닙니다. 아무것도 안 하기는 중요한 일이 아니며 시작과 끝이 있는 것이 아닙니다.

아무것도 안 하기에는 방해하는 적들이 원래부터 있습니다. 그래서 우리가 따분해하는 위험이 존재합니다. 그리고 타인들이 우리를 게으른 자라 취급하려고 하며, 아무것도 안 하는 것을 도덕적으로 추방해야 하는 것으로 여깁니다. 아웨이는 말합니다. "아무것도 안 하는 것은 모험과 마찬가지로 위험에 빠질 수 있다. 위험에 빠지면 아무것도 안 하기는 더 이상 모험이 아니다. 그렇기 때문에 방해하는 적들의 영향을 받으면 안 된다. 우리는 아무것도 안 하면서 스스로 생각해야 한다. 그렇게 함으로써 생기는 장점은 휴가나 외유와 마찬가지로 시간 제약이 없다는 것이다." 물론 배가 고파지는 순간에는 아무것도 안 하는 것이 끝납니다.

"그렇지만 아무것도 안 하는 것에는 본질적 바람이 내재한다. 본질적 바람은 매우 가볍고 쉬운 방법으로 아무것도 아닌 하찮은 것에 우리를 직면하게 한다. 우리는 아무것도 안 하면서 두려움을 느끼기도 한다. 그런데 그것은 매우 극적이고 이상한 방법으로 이루어진다. 사람들은 패닉에 빠지고 인간은 죽는 존재라는 것을 인식한다. 그래서 사람들은 인생에서 더 많은 것들을 이루려고 한다. 인생을 아름다운 이야기로 장식하고 게다가 모든 실존주의를 논한다. 아무것도 안 하는 것의 좋은 면은 그것이 편하고 훨씬 더 빠르게 진행된다는 것이다. 하지만 독특한 방법으로 우리를 순수한 상태와 만나게 한다. 그것은 무엇을 하거나 가공하거나 달성하는 것은 아니지만, 그저 순수한 것이다. 아무것도 안 하는 것은 어떤 것도 특별히 목표로 삼지 않는다.

그래서 중요하지 않고 언급할 가치도 없는 것처럼 보인다. 그렇지만, 아무것도 안 하기는 아주 흥미로울 수도 있다. 지금 있는 그대로의 모습으로 특별하지 않은 것처럼 보이지만, 그렇게 아무것도 하지 않음으로써 우리는 모든 것과 묘하게 연루된다. 모든 것에 연루되기도 하고 어느 것에도 연루되지 않기도 한다. 그렇지만 우리는 아무것도 안 하기를 더 강해지고 더욱 창의적으로 되는 일종의 휴식이라고 찬양하면 안 된다. 이것은 모두 더 나아지려는 생각의 방향이다. 우리는 아무것도 안 하기와 매우 가깝게 친해지는 것을 배워야 한다."

일정표 관리는 어떻게 할까?

실제 생활에 적용할 시간이 되었습니다. 일정표는 필요악입니다. 우리는 여러 날에 걸친 모든 약속을 기억할 수 없습니다. 우리가 일정표를 스스로 채운다는 것은 반가운 일입니다. 흉부외과 전문의 안젤라 마스는 의무를 잠시 중단하는 방법을 배워서 심장이 오늘 해야 할 일들 때문에 멎지 않아야 한다고 말합니다. 그녀는 해야 할 모든 일을 적어 놓고 그것들을 온종일 머릿속에서 상기하지 말라고 조언합니다. 해야 할 일을 마치고 줄을 그으면 기분이 좋습니다. 그래서 이미 마친 일이 있으면 다시 적고 곧바로 줄을 그어보면 기분이 좋아집니다. 마친 일들을 적고 그 위에 줄을 그어 보기를 강력히 추천합니다.

가수이자 아카데미상 수상자인 셰어의 어머니 조지아 홀트는 그녀의 딸과 인류에게 소중한 조언을 했습니다. 어떤 일이 5년이 지나서 문제가 되지 않는다면, 지금도 큰 상관이 없다는 조언이었습니다. 우리는 자주 일시적인 문제에 사로잡혀 있습니다. 그리고 하루나 한 주가 지나면 그 문제는 더 이상 우리와 상관없을 것입니다.

'저 동료가 나를 가끔 미워할까?'와 같은 생각이 한 예입니다.

그런 생각은 잠을 못 이루게 합니다. 그러나 그녀가 모든 사람을 그렇게 무뚝뚝하게 대한다는 사실을 알게 되는 순간, 그것에 대해 더 이상 생각하지 않습니다. 그렇게 우리의 걱정 대부분이 완전히 정리되어 사라지고, 우리가 걱정하는 데 에너지를 쏟지 않으므로 우리에게 다소 도움이 됩니다.

사람은 자주 자신이 두려워하는 것으로 가장 큰 고통을 받는다.
그런데도 두려워하는 일은 절대 일어나지 않는다.
그래서 사람은 신이 감당하라고 주는 고통보다 더 많은 고통을 짊어진다.

완벽주의의 폐해

완벽주의는 상당히 많은 시간을 요구합니다. 어떤 것을 완벽하게 하길 원한다면, 그것은 절대 완성되지 않는다는 뜻이기도 합니다. 아무것도 완전히 완벽하지 않기 때문입니다. 그래서 완벽성은 아무것도 안 하기의 적입니다. 미국의 사회사업학 교수 브레네 브라운은 인간의 불완전함을 수용하는 것에 대하여 많은 책을 썼습니다. 또한 우리가 일과 남녀관계를 위해 모든 것을 다 하지 않았기 때문에 자격이 없고 벌을 받아야 마땅하다는 생각에서 오는 두려움, 성공을 얻을 자격이 없고 정체가 드러날 순간에 서 있다는 두려움, 그리고 엉터리 같은 '사기꾼 증후군'에 대한 두려움을 억제하는 방법에 관한 책도 썼습니다. 브레네 교수는 그녀의 책과 강연을 통해 사람들이 '자신의 이야기'를 피하지 말아야 하며, 자기에 대하여 부끄러움을 느끼면 안 된다고 설명합니다. 아울러 모든 책임을 동시에 다 하지 말라는 조언도 합니다. 브레네 교수는 자기 자신을 스스로 동정하라고 말합니다. 완벽 추구는 당신에 대한 타인의 최종 평가에 초점을 맞춥니다. 하지만, 건강한 노력은 우리 자신에게 초점을 맞춥니다.

팁!

일정표에 올라 있는 약속들이 너무 많다는 느낌이 올 때가 있습니다. 취소하는 것을 너무 오래 미루지 마세요. 여유 있게 미리 취소하겠다고 밝히세요. 그러면 다른 사람은 자신을 위해 다른 일을 처리할 시간을 갖게 됩니다. 그러므로 당신은 취소하며 어려움을 덜 겪게 됩니다.

수면 부족

어떤 사람은 하루 저녁에 8시간 혹은 그 이상 잠을 자는 반면에, 다른 사람은 몇 시간으로 충분하다고 말합니다. 수면 부족은 수년간 걱정스러울 수준입니다.

자부심이 넘치는 인기 정치인과 성공적인 기업인들은 하루 저녁에 잠을 겨우 4시간 자면서 인류를 구하는 일을 계속합니다. 잠은 사실 바보들을 위한 것이고 성공에 걸림돌이 된다는 가장 나쁜 인상을 남겼습니다.

"죽으면 잠을 잔다."와 같은 말을 생각해보십시오. 수면을 고질적으로 부족하게 취하면 아이러니하게도 빨리 죽습니다. 어떤 사람들은 4시에 일어납니다. 그리고 한 시간 조깅합니다. 조깅을 하면 '스트레스를 덜 받기' 때문입니다. 좋습니다. 그런데 이런 사람들은 낮잠을 자기 바랍니다.

돌리 파튼 역시 잠을 거의 자지 않습니다. 그녀의 '신진대사 기능'이 잠을 필요로 하지 않기 때문입니다. 그녀는 일찍 기상하고 일찍 잠자리에 들며 새벽 3시에 일어납니다. 5시간 수면은 그녀에게 '긴 시간'입니다. 정말일까요? 그렇습니다. 그녀는 점심 후에 짧은 낮잠을 잡니다. 그러나 그녀는 오전에 조용히 있는 것을 좋아하며 이른 새벽 시간에 모든 일을 처리합니다.

> 돌리 파튼 역시 잠을 거의 자지 않습니다. 그녀의 '신진대사 기능'이 잠을 필요로 하지 않기 때문입니다. 그녀는 일찍 기상하고 일찍 잠자리에 들며 새벽 3시에 일어납니다.

잠은 중요합니다. 영국의 신경학자 마테유 워커는 그의 책 『잠』에서 사회에 팽배한 잠 부족에 대해 경고했습니다. "공부하기 전 잠을 자면 새로운 기억력을 창조하는 능력을 강화해준다. 잠은 매일 저녁 그렇게 일을 한다. 잠에서 깨어나면 우리 뇌는 새로운 정보를 계속 얻고 저장한다."라고 워커는 책에 썼습니다. 아주 오래전, 인간은 밤에 4시간 잠을 잤습니다. 그런 다음 사람들은 조금 일을 하고 낮에 다시 4시간 잠을 잤습니다.

또한, 워커는 그의 책에서 수면 부족이 일터에서 좋지 않은 성과를 가져오고 상관이 빨리 화를 내는 원인을 제공한다고 주장합니다. 그는 수면 부족이 얼마나 안 좋은지 보여주기 위해 고문 방법으로써 수면 부족에 관한 글을 썼습니다. 사람들을 며칠간 연속 잠을 못 자게 한 후 깨우지 않고 잠을 재워주겠다고 약속하면 그들은 가장 잔인한 범죄를 스스로 밝힙니다.

워커는 수면 부족을 '서서히 진행되는 자살'의 한 형태이며 21세기 개발도상국 국민의 건강을 가장 위협하는 요소라고 불렀습니다. 그리고 사회생활의 급진적인 변화를 호소합니다. 잠은 '부끄러움과 오명 없이' 매력이 있어야 합니다. "그럴 때 우리는 낮에 삶이 주는 기쁨에 충만하여 진짜로 깨어있다는 것이 어떤 것인지 다시 알게 될 것이다."

낮잠

낮잠을 무엇이라고 생각하나요? 낮잠은 대략 15분 혹은 그보다 짧은 수면을 말합니다. 사람은 점심때 생리적으로 프로그램된 졸리운 순간이 있습니다. 그 순간은 동료 한 명이 실수로 빵을 오븐이 아닌 전자레인지에 넣어서 화재경보기가 울리는 때이기도 합니다.

그럴 때 우리는 생각합니다.

'이것은 분명 잘못된 경보야. 화장실에 몸을 숨기고 잠시 낮잠이나 자야지.'

회의 중에 모든 사람이 갑자기

"그래, 바로 그것입니다. 그렇게 해야 합니다!"

라고 말하는 순간이 있습니다. 그때 우리는 태양이 가득 비치는 해변을 생각하고 있기 때문에 무슨 말을 하는지 알지 못합니다. 그런데도 우리는 자세히 기록될 회의록을 기대하면서 고개를 열심히 끄덕입니다.

수면을 위한 팁

다행히 충분한 수면을 홍보하는 『더 허핑턴 포스트』의 최고 경영자인 아리아나 허핑턴 같은 사람이 있습니다. 그녀는 잠을 너무 적게 자서 고질적인 수면 부족으로 기절하기도 했습니다. 그 후 그녀는 습관을 완전히 바꾸었습니다. 그녀는 하루 저녁에 권장되는 8시간을 자라고 사람들을 설득합니다. 그녀는 8시간 잠을 자기 위한 조언 6가지를 제시합니다.

1. 잠자기 30분 전에는 어떤 기구도 사용하지 말 것

2. 잠자기 전에 목욕을 할 것

3. 잠옷을 입고 잘 것

4. 침실을 어둡게, 조용하게 시원하게 유지할 것

5. 오후 2시 이후에는 카페인 음료를 마시지 말 것

6. 침대는 오직 수면과 섹스를 위해 이용할 것

짧은 낮잠은 상당히
유치하게 들리겠지만,
나는 낮잠을
삶의 휴식과
동일한 것이라고
부르고 싶다.

낮에 잠을 짧게 자고 싶은 자연적 욕구(식후의 저혈압이라고 더 잘 알려짐)는 우리의 생활 패턴에서 자취를 완전히 감추었습니다. 아무도 그 시간을 염두에 두지 않습니다. 그래서 만약에 당신이 뛰어난 아이디어를 동료들에게 주입 시키고 싶다면, 그들이 낮잠을 못 자서 졸려하는 오후 시간을 선택하면 효과가 있을 것입니다. 성공은 보장하지 않습니다.

이상적인 세계에서 살고 있다면 가끔 일터에서 편한 침대나 푹 꺼지는 소파 위에서 낮잠을 잘 것입니다. '파워냅스(원기 회복 낮잠)'는 대기업에서 자리를 잡고 있습니다. 그리고 15분간의 짧은 낮잠의 효과는 3시간 지속됩니다. 1분마다 새로운 아이디어 16개를 생각하고 잠을 아주 짧게 잤던 토마스 에디슨도 낮잠을 잤습니다. 그는 낮잠을 '자신의 천재성이 나오는 구멍'이라고 불렀습니다. 그는 무엇인가 잠시 알 수 없을 때는 창조적인 생각을 하기 위해 낮잠을 잤습니다.

살바도르 달리도 낮잠을 찬양했습니다. 우리가 일하는 도중 잠시 잠을 자고 싶을 때 예로 들 수 있는 사람들입니다.

짧게 낮잠을 자는 데는 수면 주기가 매우 중요합니다. 방금 매우 깊게 REM 수면 단계<안구가 급하게 움직이는 수면>에 들어갔다면 깨어나지 말아야 합니다. 그럴 때 잠에서 깨면 역효과가 일어납니다. 구글이나 나이키와 같은 회사는 이미 근무시간을 더 탄력적으로 운영하며 밤에 일하거나 아침형 직원들을 배려하고 있습니다. 직원들이 짧은 낮잠 시간을 이용하는지는 알려지지 않고 있습니다. 아마도 그것을 위해서는 기업의 문화가 변해야 할 것입니다. NASA(미국 항공 우주국)에서 낮잠은 일반적입니다. NASA는 짧은 낮잠에 관한 광범위한 연구를 실시했으며 완벽한 낮잠 시간은 26분이라는 것을 밝혀냈습니다.

아무도 짧은 낮잠 시간을 주목하지 않습니다. 그래서 만약에 당신이 뛰어난 아이디어를 동료들에게 주입 시키고 싶다면, 그들이 낮잠을 못 자서 졸려하는 오후 시간을 선택하면 효과가 있을 것입니다. 성공은 보장하지 않습니다.

아무것도 안 하기와 가족

어린이들은 가끔 여름 방학이 너무 길다고 생각합니다. 세상에! 정말인가요? 그들은 학교생활을 그리워합니다. 성인은 그런 생각을 더 이상 할 수 없습니다. 성인들은 휴가를 떠나고 긴장이 너무 풀려서 따분해질 때까지 즐기려고 하지만, 한 번도 성공하지는 못했을 것입니다. 성인들도 어릴 적에는 방학 기간에 끔찍하게 따분해 했지만, 성인이 된 후에는 그 시절을 그리워하며 회상합니다.

다른 사람의 속도에 맞추어 따라가는 것은 기분 좋은 경험입니다. 우리에게 시간을 잊는 여유를 주기 때문입니다.

우리는 어릴 적에 부분적으로 부모님의 삶을 살게 됩니다. 우리는 부모님 친구들의 생일 파티에 함께 갑니다. 그들과는 접촉이 별로 없고 어떤 때는 그들이 바보 같아 보입니다. 그곳에서 가끔 마음에 들지 않는 아이들과 억지로 놀아야 하지만, 결국에는 아주 즐거운 오후 한나절을 보냅니다. 집에 가야 할 시간이 오지 않기를 바랍니다. 그리고 부모님이 데리러 오는 시간에는 억지로 끌려가고 싶지 않을 정도로 놀이에 아주 몰두합니다.

그럴 때마다 부모님은 웃음을 참으며 말합니다.

"왜 그래, 너는 이곳에 같이 오기를 좋아하지 않았잖아?"

우리는 하던 놀이를 그만하고 다시 자동차에 탑니다. 부모님의 생활 패턴에 따라 어릴 적 생활이 정해지기 때문입니다. 성인으로서 우리는 가끔 계획을 세우고 싶은 마음이 없습니다. 다른 사람의 계획에 끌려가고 싶은 생각은 더욱 없습니다. 하지만 어린이에게는 그런 일이 일어나며 그것을 받아들입니다.

우리가 어느 정도 매력 있고 건강한 성인이 되면 내 안에 남아있는 어린이의 짜증을 건강한 방법으로 표현합니다. 예를 들어 배우자가 크리스마스 파티를 위해 사슴으로 분장을 해야 하고 나는 요정이 되어야 할 때, 몸에 있는 모든 신경섬유가 곤두서며 저항할 것입니다. 그러나 배우자를 사랑하기 때문에 뾰족한 신발을 신고 파티를 최대한 즐깁니다.

다른 사람의 속도에 맞추어 따라가는 것은 기분 좋은 경험입니다. 우리에게 시간을 잊는 여유를 주기 때문입니다. 우리는 타인의 삶 속에 하루 자원봉사자로 봉사하며 우리의 생각을 접어 둡니다.

사람들과 함께 철물점에 가고, 생일 케이크를 가져오고, 할머니 한 분을 위해 전구를 사고, 거실 실내 장식을 완전히 바꾸는 것을 도와줍니다. 아무것도 안 하는 것은 아닙니다. 우리 자신에게 유익한 활동을 하지 않는 것입니다.

그리고 무거운 책장을 방의 다른 한쪽으로 힘들게 옮기는 대신에 어느 한 순간 차 한잔을 손에 들고 서, 다트 게임을 하는 다른 두 사람을 바라보는 일도 생길 수 있습니다.

우리는 그 모습을 아주 즐겁게 계속 응시하는 세련된 눈빛을 소유한 사람일 것입니다.

가족이 있어도 아무것도 안 할 수 있는 다른 방법은 어린아이였을 때 부모의 관심을 한 번쯤 벗어나 본 것처럼, 가족에게서 벗어나는 것입니다.

그때 우리는 어디에도 있을 필요가 없고, 누군가일 필요도 없기 때문에 잠시 존재하지 않는 느낌이 들 것입니다.

성인으로서 우리는 가끔 계획을 세우고 싶은 생각이 없습니다. 다른 사람의 계획에 끌려가고 싶은 생각은 더더욱 없습니다.

아무것도 안 하기와 친구들

나도 모르게 가득 차는 것은 업무와 관련된 일정표만이 아닙니다. 사회적인 면에서도 가끔 일이 너무나 많습니다. 따라서 '친구들과도 빈둥거리며 지낼 수 있을까?'라는 질문이 생깁니다.

친구들과도 그렇게 할 수 있습니다. 우리가 형제자매와 좋은 관계를 유지하고 있다면, 아무런 질책을 받지 않고 마음 편하게 형제 가정의 소파에서 3시간 낮잠을 자고 일어날 수 있습니다. 형제자매가 그것에 대하여 어떻게 생각하든 중요하지 않습니다. 그리고 형제가 그 소파에서 잠을 자기 원하거나 앉고 싶어할 때는, 우리에게 솔직하게 이야기할 거라는 것도 알고 있습니다.

가장 친한 친구에게 가서 질책하는 소리를 듣지 않고 잠을 잘 수 있다면 이상적입니다. 수면 부족은 큰 문제를 야기합니다.

친구들과 지난 이야기를 나누기 위해 약속을 합니다. 우리는 그들이 어떻게 지내는지 알고 싶어 하고, 우리 또한 우리가 어떻게 지내는지 말하고 싶어 합니다. 그렇지만 무관심한 표정을 짓는 친구의 얼굴을 쳐다보고 있으려면 고역입니다. 그런 경우라면 차라리 집에 있는 편이 나을 것입니다. 물론 그럴 필요는 없습니다. 하지만 함께 있어도 될 마음의 여유가 있다면 좋을 것입니다. 친구들과 아무것도 안 하는 것이 바로 그 여유입니다. 두 사람이 말없이 생각을 자유롭게 하도록 내버려 두는 것입니다.

친구들과 아무것도 안 할 때는 아무것도 안 하기에 대한 정의가 중요합니다. 아무것도 안 하는 것을 조건 없이 받아들일 수 있는 경우에만, 어떤 사람과 정말로 엄격한 의미에서 아무것도 안 할 수 있기 때문입니다.

우리는 친구들과 아주 기분 좋게 빈둥거리는 시간을 가질 수 있습니다. 평상시대로 편하게 지내며 음식을 먹고 소파에 머물고 일을 적게 하면 됩니다.

캐나다의 심리학자 수 존슨(저서 『나를 붙들어 주세요』 그리고 『EFT, 감정 집중 요법』으로 잘 알려짐)은 사람들이 새로운 친구와의 우정이나 오랜 친구들과의 깊은 우정을 새해 소망으로 적지는 않지만, 생일 파티에 몇 명이 오는지를 더 중요하게 생각한다고 주장합니다.

그런 어리석은 생각은 하지 마세요. 기존의 친구들과 깊은 우정을 나누세요. 그리고 존슨에 따르면,

사람들은 스스로 인식하면서 우정의 심화를 선택 합니다. 아미르 르바인 박사는 끈끈하고 좋은 관계를 위한 5가지 핵심 조건을 제시했습니다.

일관성, 연락 가능성, 신뢰성, 반응 능력 그리고 예측 가능성입니다. 우리에게 이 5가지 요소들이 잘 갖춰져 있으면, 서로 우정을 깊게 나눌 수 있고 편하게 아무것도 안 할 수 있습니다. 우리는 신뢰 덕분에 다른 사람과 함께 있는 것을 무료하다고 생각하거나, 연락 가능성을 높여야 하는 것에 더 이상 신경 쓰지 않습니다.

하루 중 가장 재미있는 순간에 친한 친구를 꼭 찾아갈 필요는 없기 때문입니다. 그리고 우리는 마찬가지로 잘 발달된 반응 능력 덕분에 혹시 지켜야 할 경계를 넘지는 않았는지 제때에 친한 친구에게서 들을 수 있습니다.

마음 편한 파티

2시에 우리집 드레스코드는 캐쥬얼. 음식 먹는 것 이외에는 아무 것도 안 할 것이니까. 네가 오면 즐거울 거야.

초대장

고립 행복감

우정은 중요합니다. 그리고 좋은 친구는 5명 정도만 필요합니다. 하지만 좋은 친구를 아주 많이 가질 수도 있습니다. 이것은 동전의 양쪽 면과 같습니다. 매우 열정적으로 대화에 참여하는 앱이 너무나 많이 있습니다. 근무 후에는 한 잔 마실 기회가 너무 많습니다. 그리고 주말에 파티가 너무 많고 휴가를 함께 가고 싶어 하는 친구도 너무 많습니다. 인기가 불편해질 때는 'joy of missing out (jomo, 고립 행복감)'을 수용하는 것이 좋습니다.

> "매진된 이번 주말 페스티벌 티켓을 가지고 있어. 그런데 그냥 페스티벌에 가지 않을 거야." 라고 사람들이 말하는 소리를 자주 듣지는 못합니다. 기분 좋은 일입니다! 약속을 취소하는 것은 해방으로 느껴질 수 있습니다.

자유로운 시간에 할 수 있는 수천 가지 일들은 선택 과다로 인한 스트레스와 fomo (fear of missing out, 고립 공포감)를 가져올 수 있습니다. 고립 공포감 다음에는 고립 행복감이 오며 고립 행복감은 아직 자리를 확실히 잡지 못했습니다. "매진된 이번 주말 페스티벌 티켓을 가지고 있어. 그런데 그냥 페스티벌에 가지 않을 거야." 라고 말하는 소리를 자주 듣지는 못합니다. 그것은 기분 좋은 일입니다! 약속을 취소하는 것은 해방으로 느껴질 수 있습니다. 아무것도 안 하기처럼 해야 할 일 목록에서 어떤 것을 제거하세요. 그러면 시간이 촉박한 상태에서 기차와 버스 그리고 배를 여러 번 갈아타기를 하고, 이상 기후를 만난 긴 여행을 마치고, 마침내 등에서 무거운 배낭을 내려놓는 것과 같은 느낌이 들 것입니다.

약속이 아무리 재미있더라도 가끔 파자마를 입고 최고로 편한 자세로 지내는 것은 더욱더 좋습니다. 편한 실내복을 입고서 소파에 푹 꺼진 채 앉아 있는 사진을 소셜미디어에 올리는 사람은 거의 없습니다. 사람들의 기대를 충족시켜야 하는 사진 찍기는 그만두세요. 그리고 가능한 한, 아무것도 하지 않는 상태에서 최대한 게으른 모습으로 사진을 찍어보세요.

휴가 중 아무것도 안 하기

아무것도 안 하기는 휴가 중에 잘 할 수 있습니다. 물론 휴가 중에도 능력 발휘를 위해 일거리를 챙겨 가는 사람들도 있습니다. 하지만 휴가는 원칙적으로 전혀 아무것도 하지 않는 시간입니다. 그런데 여기에도 피해야 할 함정이 있다는 점을 유의하세요. 긴장 해소를 의무로 느낄 수 있습니다. 휴가는 일 년 중 기분 좋게 빈둥거릴 수 있는 유일한 시간입니다. 그렇지만 휴가 중에는 반드시 빈둥거려야 한다는 생각이 우리에게 많은 스트레스를 또다시 가져다줍니다. 휴가는 최대한 긴장을 풀고 온전히 충전을 하는 시간입니다. 3주 연속 휴가를 받을 수 있을 정도로 행운을 가졌다면, 많은 긴장 해소가 3주 동안에 이루어져야 합니다.

또 다른 함정은 휴가를 다른 사람들과 보내거나 다른 사람들을 만나는 것입니다. 그것은 지옥입니다. 다른 사람들에게 관심을 가져야 하고 그로 인하여 자유를 빼앗기기 때문입니다. 그들 역시 자신을 완전히 재충전하기 위해 단지 3주라는 시간을 가진 사람들입니다.

더욱이 휴가 기간은 아주 오랫동안 희망 목록에 올랐던 나라들을 여행하는 유일한 시간입니다. 여행하느라 일상에서 쌓인 긴장을 풀 수가 없습니다. 관광명소를 돌아다니며 세계를 구경해야 합니다. 여행으로 긴장이 풀릴 것 같지만, 언제나 반드시 그렇지 않습니다.

> *3주 연속 휴가를 받을 수 있을 정도로 행운을 가졌다면, 많은 긴장 해소가 3주 동안에 이루어져야 합니다.*

모든 사람은 각자 다르게 휴가를 즐깁니다. 어떤 사람은 배낭 하나만 지고 캠핑을 하면서 한 대륙 전체를 돌아다닙니다. 다른 사람은 짐이 가득 찬 커다란 여행 가방 3개를 가지고 떠나 6성급 리조트호텔에서 밖으로 나오지 않습니다. 그렇지만 이 두 경우와 그 사이에 있는 모든 다른 형태의 휴가에서 아무것도 하지 않는 것을 망각해서는 안 됩니다. 다른 나라에서 새로운 문화 세계와 음식, 건축물 그리

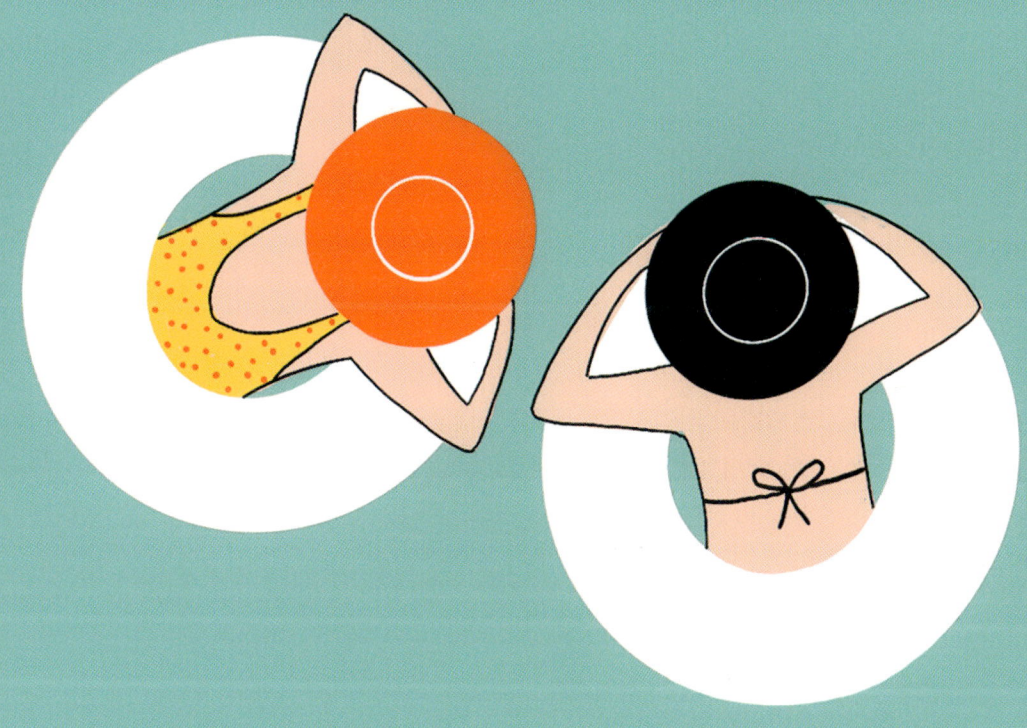

고 책더미가 우리의 관심을 끌 때, 혹은 집에 머물 때나 가끔 외출할 때에도 아무것도 안 하는 것을 잊지 말아야 합니다.

휴가 중에 빠질 수 있는 커다란 함정 하나는 멋진 장소를 찾는 것입니다. 한가로운 해변, 끝없는 전망, 특별한 자연 현상, 세상이 제공하는 가장 멋진 것을 찾아 나섭니다. 오로라, 외딴곳에 있는 개인 별장, 우박처럼 하얀 백사장, 볼리비아의 소금 고원 혹은 베트남의 멋진 내륙을 떠올립니다. 하나하나 멋진 목적지입니다. 그러나 그 아름다운 장소들을 정말로 살펴보고 가치 있게 경험하려면 얼마나 많은 노력이 필요할까요? 그러한 휴가 여행을 여러 가지 일정으로 가득 채우려는 유혹이 강하게 듭니다. 아무것도 놓치고 싶지 않기 때문입니다. 대부분의 경우 우리는 사는 동안 그 나라에 딱 한 번 갑니다. 그래서 그 기회를 최대한 이용하려고 합니다. 밤새도록 열리는 파티를 즐긴 후, 피곤하고 욱신거리는 두통으로 몸은 힘듭니다. 그래도 우리는 눈을 반쯤만 뜨고라도 뜨거운 태양을 맞으며 가까운 섬을 기꺼이 방문하려고 합니다.

휴가를 예약할 때는 이 점들을 고려해야 합니다. 한 주 휴가를 내어 뉴욕에 갈 때 모든 명소를 찾아 샅샅이 돌아다니는 것이 재미있을까요?

많은 사람이 다음과 같이 말하지는 않습니다. "파리에 다녀왔어. 와 믿을 수가 없어, 정말 엄청난 탑이야." 혹은 "타임스퀘어에서 얼마나 재미있었는지 몰라." 그런 장소는 그 도시에 사는 주민들은 방문하지 않는, 관광객들의 만남의 장소입니다. 우리는 소위 명소가 소개된 책자를 손에 든 관광객으로서 그 도시들을 봅니다.

훗프리드 보스만이 런던 다리를 방문한 한 관광객에 대하여 미이스 바우만과 가진 인터뷰에서 한 말을 인용하겠습니다. 그는 관광객이 그 다리를 객관적으로 볼 수 없다고 했습니다. 그 이유는 관광객이 여행 책자에 적힌 내용을 확인하며 보기 때문이라고 합니다.

"누가 그 다리를 보는지 아십니까? 바로 런던에 거주하며 다리 건너편에서 단지 소시지 500g을 사기 위해 다리를 건너는 보통 사람입니다. 다리를 건너가면 싸기 때문이죠. 그는 다리를 건너느라, 다리는 그냥 부수적으로 혹은 보너스로 대충 휙 바라봅니다. 그렇게 보는 것이 정말 보는 것입니다."

그렇다면 사람들은 태국 휴양지 섬에서는 그곳에 간 목적대로 반드시 숙취를 가져야 합니다. 그들은 그곳에서 숙취에서 깨어나는 데 더 열중하고 아름다운 풍경들을 보는 것에는 관심이 없기 때문입니다. 그들에게 경치는 부수적입니다. 사람들이 그 섬을 필요에 따라 이용하지만, 여행 책자에 소개된 모든 것을 확인하기 위해 그 섬에 가지 않기 때문입니다. 따라서 휴가지를 우리의 삶을 이끄는 장소로, 그리고 하고 싶은 것을 즐기는 새로운 장소로 간주하면, 그곳에서 편하게 긴장을 풀 수 있습니다.

베아트릭스 네덜란드 공주가 이 점을 아주 훌륭하게 간파했음은 물론입니다. 베아트릭스 공주는 매년 겨울 휴가를 레호로 가고 여름에는 이탈리아에 있는 별장으로 휴가를 떠납니다.

그것에 대하여 스캔들 위주의 잡지들이 많은 기사를 쓰지만, 당연히 모두 사실이 아닙니다. 그러나 모든 기사를 통해 드러난 것은 토스카나 태양 아래서 그녀의 개들을 조각하는 베아트릭스 공주의 모습이었습니다. 그녀는 1970년대부터 그곳에 가기 때문에 교회나 다른 명소를 돌아다닐 필요가 없습니다. 지금은 누구나 부유한 백작으로부터 멋진 별장을 선물로 받거나 다른 사람의 비용으로 호화로움을 누리지는 못합니다. 그렇지만 기본적인 개념은 간단합니다. 방문 지역에 관해 쓴 여행 책자를 들고 탐험 여행을 하려는 유혹을 피하고 수고를 아끼세요. 어떤 경우라도 휴가 기간 내내 그렇게 하려고 하지 마세요.

모든 사람은 각자 다르게 휴가를 즐깁니다. 어떤 사람은 배낭 하나만 지고 캠핑을 하면서 한 대륙 전체를 돌아다닙니다. 다른 사람은 짐이 가득 찬 커다란 여행 가방 3개를 가지고 떠나 6성급 리조트호텔에서 밖으로 나오지 않습니다.

실용적인 팁

시간을 어디에서 낼 수 있을까?

실용적인 팁

아이들은 계속 투정만 부립니다. 일터에서 회의와 브레인스토밍을 연속으로 갖습니다. 머리가 피곤해집니다. 집에 오면 주방에서 먹을 것을 마련합니다. 또한, 기니피그를 물리치료사에게 데려갑니다. 그런 와중에 올해 마음먹었던 체중조절과 싸움을 위해 헬스센터로 달려갑니다. 시간은 아무것도 하지 않는 데 있어 가장 중요한 걸림돌입니다. "바쁘십니까?"라는 질문이 점점 "어떻게 지냅니까?"라는 안부 인사 바로 뒤에 자주 나옵니다. 가끔 두 번째 질문이 첫 번째 인사를 대신합니다. 네덜란드 전체가 바쁩니다. 그래서 우리 또한 바빠야 합니다.

아무것도 하지 않기 위한 시간은 오직 머리로만 만들 수 있습니다. 생각을 바꿔야 합니다. 그것은 잘 알려진 '우리의 생각'이라는 스위치입니다. 스톱 스위치가 고장 나기 전에 바꿔야 합니다. 이 스위치 비유에서 스위치가 어떻게 스톱(Stop)으로 바뀌는지 아시겠습니까? 스톱(Stop)은 전기 공급의 차단(Off)을 뜻할 뿐만 아니라 우리를 번아웃 직전에 막아주는 마지막 수단입니다. 스톱(Stop)은 세계 공통어입니다.
명심하세요! 모든 생각과 하던 일을 내려놓으세요.

• 가득 찬 일정표를 미화하지 마세요

과거에는 "바쁘십니까?"라는 질문을 성인에게 절대로 하지 않았습니다. 아이들에게는 말할 필요도 없었습니다. 그러나 지금은 9살 된 아이에게 모든 것이 할 만하냐고 묻는 것이 전혀 이상하지 않습니다.

사람들은 점점 젊은 나이에 과도한 긴장 상태에 놓입니다. 네덜란드 청소년 연구소는 8세에서 12세 어린이 중 4~8%가 공포 장애와 감정조절 장애를 가지고 있다고 추정합니다.

우리는 일정표를 덜 가득 차게 할 수 있습니다. 그래서 아무것도 하지 않기 위해 여유를 가질 수 있습니다. 다른 사람과 약속할 때 스스로에게 질문을 해보세요. '이 약속을 하지 않을 수도 있지 않을까?' 답이 '예'인 경우 약속을 만들지 마세요.

아무하고나 약속을 하지 말고 정기적으로 오버타임 근무를 하지 마세요. 어떤 사람들은 쾌락을 위한 외출 일정을 만듭니다. 노동자들은 금요일과 토요일에 만취될 때까지 마음껏 술을 마시며 즐깁니다. 그래서 월요일에는 단정한 모습으로 일터로 나올 수 있습니다.

팁!

당신의 일정표를 너무 가득 채우지 마세요. 한 번쯤 아무것도 하루 일정표에 올리지 마세요. 그리고 종일 그렇게 할 수 없다면 한나절만이라도 해보세요. 정오 이전에 모든 메시지와 소셜 미디어를 끝내세요. 오후 한 시부터는 아무것도 더 하지 마세요. 그러면 그것들을 더 이상 바라볼 필요도 없습니다.

나는 집안일을 싫어한다.

- 침대를 정리한다.
- 설거지를 한다.
그리고 6개월 후, 모든 것을 다시 시작해야만 한다.

조안 리버스

• 걸음마를 통해 걷기를 배웁니다.

아기가 걷기를 배우려면 약 일 년 정도의 상당한 시간이 필요합니다. 아기들은 모든 사람이 온종일 바쁘게 오가는 것을 봅니다. 하지만 아기들은 나름대로 다른 발달을 하느라 분주합니다. 남은 생애 동안 안겨만 있을 수는 없다는 생각에 아기는 적응합니다.

그런 다음 주위의 압력을 받으며 첫걸음을 조심스레 내딛습니다. 아기는 첫해에는 술에 취한 딱정벌레처럼 걷습니다. 그리고 걸을 마음이 없거나 '피곤'하면 다시 안깁니다. 시간이 약간 걸릴 것입니다. 이와 같이 사람은 아무것도 아닌 것을 몸에 베이는 습관으로 만듭니다. 그리고 몸에 베인 습관은 걸음을 걷는 것처럼 다시는 잃어버리지 않습니다.

곧바로 몇 주간 방해를 받지 않고 참선을 할 수 있을 거라고 기대하지 마십시오. 참선은 꾸준히 해야 합니다.

요한 크라위프의 어록에 "이해할 때가 되어야 제대로 볼 수 있다."

라는 말이 있습니다. 따라서 매일 조금씩 시작하세요. 그냥 잠시 가서 앉아 계세요. 곧바로 나 자신을 위한 일 15가지를 생각하지 마세요. 주위를 한 번 돌아보세요. 한 번에 성공하지 못했어도 잘못된 것은 아닙니다. 한 번에 성공할 필요는 없습니다. 실패해도 괜찮습니다. 그리고 내일은 또 다른 하루가 시작됩니다. 우리는 그 순간이 계속 오래 지속되게 할 수 있습니다.

빈둥거리기는 구체적 방법을 곧바로 찾을 필요가 없습니다. 어떤 사람에게는 생각 없이 그림을 그리는 일이 될 수 있습니다. 다른 사람에게는 창문에서 밖을 바라보는 일이 될 수도 있습니다. 좋은 소식은 그것이 어떤 의도를 담고 있지 않는 한, 아무것도 안 하고 있다는 것입니다.

• 근육을 느끼세요

계속 생각하는 것을 멈추는 방법을 배우면 아무것도 안 하기에 도움이 됩니다. 완전히 멈추는 것은 어렵습니다. 그러나 줄일 수는 있습니다. 요가를 하는 사람은 마지막 긴장 완화가 방금 운동을 마친 몸을 귀하게 여김으로써 이루어진다는 것을 알고 있습니다.

요가 선생님은 가끔 모든 긴장을 몸 안의 모든 근육을 따라 내보내라고 가르칩니다. 최고의 요가 선생님은 그렇게 하기 위해 작은 문을 예로 듭니다. 여러분은 그 문을 열 수 있고 그곳을 통해 모든 긴장이 풍선의 바람처럼 빠져나갑니다. 생각을 차단하기가 어려우면 근육을 하나씩 긴장시킨 다음에 풀어주는 방법으로 현재의 순간에 머물러 보세요.

• 감정을 내려놓으세요

건강에 이상이 없는 사람은 자신의 감정을 들여다볼 수 있습니다.

마음에 가득한 불편한 감정이 무엇일까?

이것이 분노일까?

혹은 다른 감정일까?

그럼 그 느낌은 어떤 것일까?

어디서 그런 감정이 시작되고 어디서 끝날까?

이러한 일어나는 감정에 아무런 말을 건네지 마세요. 그리고 어떤 원인도 찾지 마세요. 오랫동안 충분히 집중하면 감정은 다른 모습을 취합니다. 그리고 운이 좋은 경우라면, 그 모습이 작아집니다.

아무것도
안 하기와 몸

- **너무 바쁜 생활로 인해 생기는 질병은 무엇이 있을까?**

- **스트레스가 심장에 어떻게 영향을 미칠까?**

- **우리를 망가뜨릴 수도 있는 따분함**

- **쳇바퀴 도는 삶을 어떻게 벗어날 수 있을까?**

아무것도 안 하기 위해서는 아무것도 안 할 수 있는 몸이 필요합니다. 그럴 때는 머릿속이 안정되어야 합니다.

열심히 일하는 것은 그 일 이외에 다른 것은 아무것도 할 수 없고, 하지도 않는 것과 같다고 오스카 와일드가 말했습니다. 인간의 몸이 빈둥거리기를 즐기기에 적합할까요? 그 가능성은 주로 우리의 생각에 달려있습니다. 가장 내부적인 장애물은 '인생을 어떻게 살아야 하는가?' 라는 질문에 대한 생각과 우리가 극복해야만 하는 다양한 두려움입니다. 그것들은 스트레스와 번아웃 현상을 가져옵니다. 이 장에서는 우리가 소속된 사회와 몸에 대하여 알아보겠습니다.

스트레스

사람들은 만족해하면서 아무 생각 없이 앞을 바라보기 전에, 우선 땀 흘리며 열심히 일을 마쳐야한다고 생각합니다. 침대에서 자다 일어나 곧바로 몸을 이끌고 소파로 가면 소파의 편안함을 느끼지 못합니다. 우리는 그럴 수 있다는 생각을 가져야 하며 그 생각은 머리 안에 있습니다.

현재의 상황을 모두 기록해 두는 사람은 없기 때문입니다. 최소한 지구상에는 없습니다.

수 세기에 걸쳐 인간은 '내가 너무 열심히 일하는 것 아닌가?'라는 질문을 해왔습니다. 또한, '열심히 일하지 않고서도 인생이 존재할까?' 그리고 '왜 그렇게 자주 어찌할 수 없는 상황과 절망적인 상황이 일어날까?', '그냥 어딘가 파라다이스에서 케이크를 먹으며 돌아다닐 수는 없을까?', '프린터도 제대로 사용하지 못하는 답답한 동료들과 하루 8시간 일을 하는 대신에 낮잠을 잘 수는 없을까?'라는 생각도 합니다.

사람들은 계속 더 빠른 기계를 개발합니다. 그렇지만 일의 강도는 계속 높아만 갑니다. 우리는 기계 덕분에 의자에 등지고 앉아 여유를 가질 거라고 생각하였습니다. 그러나 심리적 고통을 호소하고 번아웃 현상을 가진 사람의 수는 증가하고 있습니다.

우리를 둘러싸고 있는 장애물을 최대한 제거했다면 머리에서는 어떤 일들이 벌어질까요? 1920년대 독일의 신경학자 한스 베르거는 전기 테스트기를 고안했습니다. 그가 발견한 것 중 가장 획기적인 것은 사람의 뇌는 언제나 활동하고 있다는 것입니다. 잠을 자거나 아무것도 하지 않더라도 마찬가지입니다. 뇌는 쉬는 상태에서 에너지를 5% 덜 사용합니다. 뇌는 언제나 작동하고 있어서 사람을 미치게 할 수도 있습니다. 아무것도 안

하기를 방해하는 커다란 적은 스트레스입니다. 그것은 우울증처럼 모호한 개념이라서 약간 설명이 필요합니다. 정신과 전문의 비터 호헌데이크는 여기자 윌마 더 렉과 함께 스트레스에 대한 역사를 『빅뱅에서 번아웃까지, 스트레스에 대한 많은 이야기』라는 책에 썼습니다.

스트레스는 언제나 긴장 해소 부족 때문에 오는 것은 아닙니다. 그리고 스트레스는 항상 부정적이지 않습니다. 커피를 여러 잔 많이 마실 때도 일 때문에 갖는 스트레스와 동일한 스트레스를 느낄 것입니다. 아울러 몇 가지 스트레스를 일으키는 이유가 포함되어 있을 것입니다. 예를 들면, 작은 실수로 인해 발표를 망쳤을 때 미쳐버릴 것 같지만, 다행히 발표가 즐겁고 무리 없이 잘 끝날 수도 있습니다. 사람들은 스스로 갖는 두려움 때문에 가장 큰 고통을 자주 겪습니다.

호헌데이크와 더 렉이 책에 정리한 4가지 스트레스 유형

1. 구체적이며 심각한 유형(우리를 굴 안으로 막 끌고 가려는 사자를 만났을 때와 같은 심리상태)

2. 구체적이며 고질적 유형(곧 폭발하려는 땅과 같은 심리상태)

3. 추상적이며 심각한 유형(뜨거운 토스터에 냅킨이 들어가 집에 불이 날 거라는 생각, 토스터 기구의 전원을 끈 후, '화재보험에는 가입했나?'와 같은 불안한 생각이 갑자기 떠오르는 심리상태)

4. 추상적이며 고질적 유형(모든 것에 계속 실패하고 있다는 심리상태)

네 번째 유형이 가장 심각합니다. 사람들이 모든 것에서 실패했다는 생각으로 미쳐버리게 되고 그 생각을 끊어버리기가 어렵기 때문입니다. 호헌데이크와 더 렉은 책에서 네 번째 유형의 스트레스가 지난 세기 폭발적으로 증가했다고 주장합니다. 인간은 현재의 우리 모습인 호모사피엔스로 진화하기까지 몇백만 년이 필요했습니다. 그 과정에는 전혀 진화하지 않은 몇백 년도 있었습니다. 그리고 산업혁명(약 1760년경) 때부터 갑자기 터무니없이 많은 진화가 일어났습니다. 우리의 몸은 기원전 5억 년 전부터 새로운 스트레스에 대한 반응을 더 이상 발전시키지 않았습니다. 그것은 당시 육체적으로 볼 때 스트레스에 대한 진화가 거의 끝났기 때문입니다. 우리는 기술의 이점을 이용하여 우리의 행동을 유일하게 변화시킬 수는 있습니다. 하지만 우리 몸이 전하는 말을 듣고 자연 속으로 들어가기도 합니다. 타협이라고 할 수 있습니다.

번 아웃

많은 스트레스는 번아웃 증세를 야기하고 심지어 번아웃을 통해 감정적 폭발을 가져옵니다. 번아웃 증세를 겪는 사람들의 수가 급증하고 있으며, 많은 사람이 초과 근무를 하고 과도하게 긴장하며 30살이 되기 전에 이미 두 번이나 쓰러지기도 합니다. 네덜란드 일터의 복지에 관한 네덜란드 자연 과학 연구소의 한 연구 보고서는 번아웃 증세가 지난 10년간 11%에서 16%로 증가한 것으로 밝혔습니다. 증가 추세가 멈출 것 같지 않습니다.

그리고 번아웃 증세를 가진 젊은층이 점점 늘어가고 있습니다. 네덜란드 청소년 연구소는 이에 관한 연구를 진행한 후, 12세까지 어린이 중 일부(4~8%)가 공포 장애 및 감정조절 장애를 가지고 있다는 연구 결과를 발표하였습니다. 이런 속도로 계속 진행된다면, 머지않아 우리는 모두 병원에 입원해 있을 것입니다.

번아웃은 1970년대 헤르베르트 프로이덴베르거가 처음 언급했습니다. 그는 중독자 치료센터의 간호사들을 대상으로 연구를 하였으며 그들이 무력감을 느끼기 때문에 우울증 증세를 보인다고 주장했습니다. 처음에는 주로 보건과 교육계 종사자들을 대상으로 연구했지만, 지금은 모든 분야의 종사자가 연구 대상입니다. 세계보건기구는 번아웃을 공식적인 질병으로 인정하였습니다.

모든 사람은 서로 다르며 다르게 살고 문제를 다르게 경험합니다. 스트레스와 연관된 문제를 위한 즉석 해결책은 존재하지 않습니다.

그리고 네덜란드 자연 과학 연구소나 청소년 연구소의 보고서에 대한 사람들의 다양한 반응이 없다면, 지금이 2020년대라고 할 수 없습니다. '아직은 양호하다' 부터 **'번아웃으로 인한 사회적 손실 비용은 수십억 유로에 달한다'**와 같은 주장까지 반응이 다양합니다.

그러한 반응은 잘 알려진 '옳다 혹은 그르다'로 나뉩니다. 누구의 말을 믿어야 할까요? 스트레스는 어느 때나 존재하였기에 새로운 것이 아니라고 주장하는 쪽, 혹은 우리가 스트레스로 인해 망가질 것이라고 주장하는 쪽 중 어느 쪽을 선택해야 할까요?

네덜란드에서 예부터 내려오는 말에 의하면 진리는 중간에 놓여 있습니다. 스트레스에 대하여 연구해 온 정신과 의사 크리스티안 핀커르스는 위 보고서를 냉정하게 비판합니다.

그는 많은 사람이 일과 일을 벗어난 생활 사이에서 균형 찾기를 어려워 한다는 점을 인정합니다. 스트레스는 심지어 감정적 폭발도 가져옵니다.

그러나 그는 문제를 잘 설명하기 위해 번아웃 용어에 대한 더 많은 연구가 필요하다고 생각합니다. 그는 사람들이 1세기 전보다 스트레스를 더 많이 가지고 있다고 생각하지 않습니다. 그리고 스트레스 또한 중요하다고 강조합니다. 스트레스가 사람을 활동적이고, 영리하고 민첩하게 만들기 때문입니다. 하지만 스트레스는 오래 지속되면 안 됩니다. 번아웃과 관련하여 자가 해결을 돕는 수많은 기업들이 생겼습니다.

그런데 핀커르스에 따르면 '가서 한가롭게 지내고 아무것도 하지 말라'와 같은 간단한 삶에 대한 가르침은 의미 없습니다.

그는 "이러한 종류의 팁에 좋은 의도는 담겨 있지만 가치가 없다. 즉, 악몽에 시달리는 군인에게 건강하게 먹어야 하고 빈민 지역의 홀로된 엄마에게 취미를 가지라고 말하는 것과 같다."라고 철학자 여룬 더 리더와 함께 『헛 빠롤』신문에 기고하며 주장했습니다.

모든 사람은 서로 다르며 다르게 살고 문제를 다르게 경험합니다. 스트레스와 연관된 문제를 위한 즉석 해결책은 존재하지 않습니다. 그렇다고 '이 책에도 해결책이 없다.'라고 생각하며 책을 지금 당장 방구석에 던져버리지는 마세요. 아직 희망이 있습니다. 운동은 도움이 될 수 있습니다. 그러나 다르게 생각하는 것도 도움이 됩니다.

"합리적인 의심으로 방법을 찾아봅시다. 그리고 내용이 없고 추상적인 삶의 가르침을 배제합시다."

핀커르스와 더 리더는 말합니다.

잘 알려진 위트레히트 출신 정신과 의사 코르넬리스 륌커(1893-1967)는 수십 년 전 이미 책을 통해 다음과 같이 주장했습니다.

"의심은 인간을 가장 높은 차원까지 발전시킨다. 그것은 우리가 계속 불확신한 상태로 있어야 한다는 뜻이 아니다.

그러나 현실은 복잡하고 삶에서 자신의 길을 선택할 수 있다는 것을 우리가 인식한다는 의미이다. 그것은 패배주의가 아니다. 무엇인가를 할 수 있는 가능성이 우리에게 언제나 존재한다는 뜻이다."

"다른 사람의 일을 넘겨받아야 하므로 업무 압박이 증가하여 동료들이 쓰러져가는 도미노 현상을 자주 목격한다."

스트레스와 번아웃 증세는 아무것도 안 하기에 가장 큰 위협입니다. 과도하게 긴장한 사람은 더 이상 정상적으로 빈둥거릴 수 없습니다. 긴장한 사람이 빈둥거리기에는 머릿속에서 너무 많은 일이 일어납니다. 심리학자 테이스 라운스파크는 스트레스와 번아웃 분야의 전문가입니다. 그는 『저주받을 분주함』이라는 책을 썼습니다. 그는 많은 트레이닝과 강연을 하면서 기업들이 과다한 업무량을 줄이기 위해 예방책을 점차 마련하는 것을 목격합니다.

"다른 사람의 일을 넘겨받아야 하므로 업무 압박이 증가하여 동료들이 쓰러져가는 도미노 현상을 자주 목격한다. 노동자가 책임감이 크고 양심적이고 완벽주의자라면 분명 한 번쯤은 잘못될 수 있다. 노동자들이 점점 더 많이 아프게 되면 남은 동료들의 업무량이 더 늘어난다. 그것은 헤어나기 힘든 함정이다." 라운스파크는 기업과 노동자들에게 가능한 과도한 업무를 하지 않도록 조언을 합니다.

"그것은 스트레스가 정확히 무엇인지를 아는 기본 지식에서 대부분 출발한다. 약간의 스트레스는 전혀 나쁜 것이 아니다. 그것은 필요한 것이다. 그로 인하여 더 좋은 성과를 낼 수 있다. 그러나 역동적이고 능동적으로 일하는 것과 고질적으로 너무 많은 스트레스를 갖는 것에는 차이가 있다. 고질적 스트레스는 전혀 이롭지 않다. 내가 '스트레스를 잘 조절하고 있다'라는 생각이 들면, 이미 스트레스 신호를 스스로 인식하고 있는 것이다. 그래서 무엇을 조심해야 할지 알고 있는 것이다. 그것은 사람마다 다르다. 그러나 자주 나타나는 스트레스 신호가 있다. 두통, 목과 근육의 긴장 상태, 빨리 짜증이 나거나 기억력 감퇴 현상 등이 그러한 신호들이다. 이것들은 지켜볼 수 있는 것이다.

그리고 일이 잘못되어 가면 적절한 시기에 잠시 한 걸음 뒤로 물러설 수 있다. 또한, 몸을 잘 관리하는 것도 중요하다. 충분한 수면, 건강한 식생활, 운동, 그리고 가끔 아무것도 안 하기 등을 하면서 건강을 관리할 수 있다. 혹은 머리를 써야 하는 순간에 잠시 멈추고, 몇 가지 자극을 줄이고, 가끔 휴대폰을 꺼 놓은 채 자연 속에서 산책하며 노는 것이다. 이것들은 우리가 너무 많은 스트레스를 자주 받을 때 첫 번째로 해야 하는 것들이다."

어느 정도 약간의 스트레스는 전혀 나쁜 것이 아니다. 그것은 필요한 것이다. 그로 인하여 더 좋은 성과를 낼 수 있다.

라운스파크 역시 사회에 변화를 주문했습니다. 그는 자신의 책에서 2030년에는 번아웃이 없는 사회가 되길 희망합니다.

"우리는 스트레스와 번아웃을 금기시하는 것에서 벗어나야 한다. 스트레스를 받고 있다고 말하는 사람을 더 이상 연약한 사람으로 보지 않고 현명한 사람으로 볼 시간이 되었다. 그들은 몸이 말하는 소리를 듣는 사람이기 때문이다."라고 그는 주장합니다.

"좋은 행동을 독려하는 것이 팀을 위해 중요하다는 것과 동료들이 서로에게 용기를 내어 이야기해야 하고, 초과 근무는 잘 규제해야 한다는 점을 기업에 인식시켜야 한다. 그래서 노동자들이 랩톱을 보면서 점심을 먹지 않도록 해야 한다. 이런 종류의 일들은 도움이 된다. 그리고 매니저들은 번아웃의 신호를 잘 알아차려야 한다. 어려운 점은 스트레스가 많은 사람이 자신을 덜 관찰한다는 것이다. 그러나 동료들은 그것을 잘 볼 수 있다. 일터에 신뢰할 사람이나 코치 혹은 초기에 조치를 취할 수 있는 '복지 매니저'가 있으면 가장 바람직하다."

따라서 자기 자신을 잘 아는 것이 중요합니다. 라운스파크도 번아웃 용어에 대한 올바른 정의가 미비하여 문제를 가져온다는 것을 알고 있습니다.

"나는 사람들이 스트레스로 집에 정말로 머물러야 할 때가 되어서야 번아웃을 인정한다고 생각한다."

보어 아웃

아무것도 안 하다가 별안간 조바심을 내거나 신문을 읽으려고 한다면, 매우 심각한 현상을 가져올 수도 있습니다. 너무 오래동안 아무것도 하지 않는 사람에게는 보어 아웃이 나타날 수도 있습니다. 많은 사람들이 과도하게 긴장을 하고 있는 반면에, 하고 있는 일이나 하고 싶은 일이 너무 없는 사람들도 있습니다. 그럴 때 그들은 지독하게 따분해합니다. 동전의 양면과 같습니다.

보어 아웃은 비교적 새로운 현상으로 아직 많은 연구가 되지 않은 분야입니다. 사람들은 자기 수준 이하의 일을 하고 때로는 일을 너무 적게 합니다. 맡은 일을 사실상 완수했고 다른 할 일이 아무것도 없습니다. 가장 기분 좋게 따분해할 수 있는 단계를 지나서 삶의 의욕을 상실하기 시작합니다. 더러는 일자리를 찾지만 성과가 없습니다. 이미 여러 군데 면접을 다녀왔고 실업급여를 받기 위해 매일 자신에 대한 보고서를 써야 합니다. 그러나 그것조차 너무 귀찮게 여겨집니다.

사람들은 번아웃을 일으키는 자극을 피해야 하지만 보어 아웃을 가진 사람들은 바로 그 자극을 찾아 나서야 합니다. 할 일이 너무 없으면 스트레스를 받습니다.

"내가 보어 아웃 증세를 가지고 있다."라고 말하기는 어렵습니다. 그렇게 말하면 약간 어리석은 사람처럼 보이기 때문입니다. 수업이 끝나기 직전 수학 선생님에게 숙제를 내주지 않았다고 말하는 어리석은 급우와 약간 비슷합니다.

"내가 보어 아웃 증세를 가지고 있다." 라고 말하기는 어렵습니다. 그렇게 말하면, 약간 어리석은 사람처럼 보이기 때문입니다.

에너지

아무것도 하지 않는 것은 에너지가 거의 필요 없습니다. 방금 권투 경기에서 승리했거나, 걷기 대회를 마치고 메달을 받아서 아드레날린이 넘치면, 계속 움직이길 원합니다. 기쁘고 활동력이 넘치기 때문입니다. 아무것도 안 하는 것은 유감스럽게도 계속할 수는 없습니다. 나쁘지는 않습니다. 다시 할 수 있기 때문입니다. 의학계가 거의 혹은 전혀 동의하지 않는 빈둥거림과 육체적 에너지에 관한 책으로 독일 의사 페이터 악스트와 그의 딸 미카엘라 악스트-가데르만이 쓴 『게으름 예찬』이 있습니다. 그들은 모든 인간은 일정한 양의 에너지를 가지고 있고 그것을 한 번에 모두 다 사용하면 안 된다고 썼습니다.

그들이 준 팁은 "너무 긴장을 많이 하지 말라.(운동은 할 수 있지만, 너무 활동적으로 하지는 말라.)잠을 많이 자고 따스할 정도로 난방을 유지해라.(혹은 스웨터를 입어라.)"입니다.

『게으름 예찬』은 최대한 느리게 살기 원하는 친구들을 옹호하기 위해 논쟁이 필요한 사람들에게 좋은 책입니다. 그들은 갇혀 사는 동물이 스스로 먹을 것을 사냥해야 하는 야생 동물보다 일반적으로 더 오래 산다는 예를 들었습니다. 그리고 마라톤의 유래가 된 그리스의 연락병 페이디피데스가 아테네에서 마라톤까지 달리고 난 후 죽었다는 사실도 예로 들었습니다.

규칙적으로 운동을 하면 분명 오래 삽니다. 그러나 운동을 한 시간과 정확히 같은 시간만큼 오래 삽니다. 따라서 운동을 한 번 건너뛸 수도 있습니다. 그리고 '최소한의 노력'으로 운동을 하세요. 사실이라고 하기에는 너무 그럴싸하게 들리지만 정말 그렇습니다.

그들은 갇혀 사는 동물이 먹을 것을 사냥해야 하는 야생 동물보다 일반적으로 더 오래 산다는 예를 들었습니다.

앉아 있기

우리는 일을 너무 열심히 합니다. 그러나 동시에 너무 오래 앉아 있습니다. 신경심리학자 에릭 스케르더는 그의 책 『뇌를 쉬게 하지 마라』에서 가능한 한 많이 움직일 것을 독려했습니다. 그는 게으른 사람들이 듣기 싫어하는 모든 말을 합니다. 우리는 너무 오래 앉아 있습니다. 그리고 앉아 있는 것은 새로운 형태의 흡연입니다. 스케르더는 단도직입적으로 움직이지 않는 것과 운동 부족이 전 세계적으로 4번째 사망 원인이라고 주장했습니다.

"전 세계 인구의 31%가 최소 권장되는 육체적 활동량에 못 미치고 있다. 몇 년 전에는 그 비율이 17%였으나 3년 사이 거의 두 배나 증가했다. 전 세계가 앉아 있다."

네덜란드인들도 비교적 오래 앉아 있습니다. 하루 평균 6.5시간을 앉아서 지냅니다. 많은 사람들이 앉아서 일을 하고, 앉아서 휴대폰이나 태블릿을 보면서 시간을 보냅니다. 스케르더는 자전거 의자를 가지고 있기 때문에 글을 쓰는 동안 조금씩 움직입니다. 움직임이 부족하면 많은 문제를 가져옵니다. 따라서 우리는 '서둘지 말아야 한다' 그리고 '할 일은 나중에 찾아보겠다'와 같은 생각을 버려야 합니다. 기분 좋게 밖으로 나가서 산책을 하고 뇌가 새로운 연결고리를 만들도록 해야 합니다. 이것은 아무것도 안 하는 이미지와 충돌을 일으킵니다. 그런데 이러한 충돌은 기름에 미트볼 꼬치가 튀겨지고 있는데도 거기에는 아무런 관심 없이 소파에 앉아만 있을 때 일어납니다. 또한, 세상과 세상에서 일어나는 모든 비극에 아무런 관심을 쏟지 않을 때 일어납니다. 그렇지만 에릭 스케르더의 주장과 아무것도 안 하기의 이상은 서로 함께 나란히 잘 존재할 수 있습니다. 그는 앉아 있는 동안 좀 더 많이 움직이는 것에 찬성하지만 더이상 앉아 있지 말라고 주장하지는 않습니다. 우리가 아무것도 안 하기에 항상 찬성하지 않는 것과 마찬가지입니다. 모두 당장 그렇게 극단적일 필요가 없습니다.

"전 세계 인구의 31%가 최소 권장되는 육체적 활동량에 못 미치고 있다."

심장

머리와 몸의 에너지에서 심장으로 가보겠습니다. 약간의 스트레스는 유익하다는 것을 심장도 알고 있습니다. 이러한 종류의 스트레스는 사람을 활력 있게 해줍니다. '긍정적 결과를 가져오는 스트레스'라고 하며, "야, 조심해! 갈매기가 네 아이스크림을 먹으려고 해!" 혹은 "조심해! 저 엄청나게 큰 허머 자동차가 네가 생각하는 것보다 두 배는 빨라!"와 같은 말이 가져다 주는 긍정적인 의미의 스트레스입니다.

그러한 스트레스는 적절하게 우리가 대처할 수 있게 해주고, 아이스크림을 갈매기가 뺏아 먹지 못하게 하며, 허머 자동차로부터 우리를 보호해줍니다. 아주 좋은 것입니다. 우리 몸에 고마움을 느낍니다.

우리 몸이 스트레스에서 더 이상 회복될 수 없을 때 건강을 잃게 됩니다. 스트레스 볼을 계속해서 쥐어짜고 한순간도 휴식을 찾을 수 없는 상태입니다. 네덜란드 심장재단의 웹사이트에서 심장의 나이를 계산해볼 수 있습니다. 심장의 나이를 통해 심장 및 혈관질환의 위험성을 알 수 있습니다. 40살부터 원하는 사람은 누구나 이 테스트를 해볼 수 있습니다. 스트레스는 당연히 몸에 좋지 않습니다.

그러나 더 안 좋은 것은, 바쁠 때 스트레스로 인하여 몸을 덜 보살핀다는 점입니다. 그때 우리는 운동을 적게 하고 너무 많은 냉동 피자를 해동하고, 튀김 음식을 먹거나 식사를 전혀 하지 않습니다. 아마 술을 더 많이 마시고 담배를 더 피우고 스트레스를 조금 덜어내기 위해 볼링을 하러 갈지도 모릅니다. 그렇게 하면 실제 나이보다도 더 많은 심장 나이를 가질 확률이 증가합니다. 심계항진<심장이 뛰는 것이 느껴져 불편한 증상>을 얻을 수 있습니다. 심장이 갑자기 정상 때보다 두 배 더 뛸 것입니다. 그럴 때 우리는 네덜란드 심장재단의 로고처럼 심장이 피를 흘리며 쇠줄에 묶일까 봐 두려워합니다.

자신의 스트레스 정도를 측정하는 것은 언제나 쉬운 일이 아닙니다. 예를 들어, 중등학교에서 학생들이 숙제를 받으면 한 학생은 반나절 숙제를 하고 심지어 재미있는 영화를 보면서도 숙제를 합니다. 다른 학생은 꼬박 이틀간 숙제를 합니다.

그것은 단지 그 학생의 지적 수준뿐만 아니라 성격과도 관련 있습니다. 예를 들어, 매우 영리한 아이는 엄청난 실패 공포증을 지니고 있어 숙제에 갑작스럽게 공포심을 갖습니다. 한 아이는 상당히 심한 사춘기 갈등을 겪으면서 '침대 옆 서랍장에 숨겨놓은 대마초를 어머니가 우연히 발견하지 않을까?'라는 생각에 더 몰두할지 모릅니다. 그 아이는 자기가 해야 할 일에는 관심이 없습니다. 성인이 되고 스트레스로 머리카락을 움켜쥐게 하는 강의를 들을 때면 공황 장애가 있다는 느낌을 가질 것입니다. 걱정과 갈등이 시작됩니다. 그럴 때 뇌는 모든 상황을 더 이상 빠져나올 수 없는 비상 상황으로 만듭니다. 말다툼은 절대 이길 수 없는 전쟁이 되고 작은 실수는 치명적인 대실패가 됩니다.

약간의 스트레스는 유익하다는 것을 심장도 알고 있습니다. 그런 종류의 스트레스는 사람을 활력 있게 해줍니다.

여성과 심장

심장 전문의 안젤라 마아스는 『여성 심장 연구』라는 책을 썼고 같은 이름을 가진 연구 재단을 설립했습니다. 여성의 심장은 오랫동안 관심의 대상이 아니었습니다. 모든 연구가 주로 남성의 심장에 대하여 이루어졌기 때문입니다. 1970년대에는 여성이 남성에게 너무 많은 것을 요구하지 않는지, 그리고 그것이 남성 심장마비의 원인이 되는지에 관한 연구 정도만 이루어졌습니다. 최근 몇 년 동안 여기에 변화가 왔습니다. 안젤라 마아스는 그 변화 안에서 커다란 역할을 했습니다. 그녀는 2003년 여성의 심장 상담을 시작한 첫 번째 의사입니다.

그동안 여성의 심장질환과 혈관질환은 남성의 질환과는 다르다고 분명하게 밝혀졌습니다. 마아스는 현대 사회생활의 영향 - 많은 스트레스, 휴식 부족, 정보 과다 그리고 책임 - 을 남성 심장질환뿐만 아니라 여성의 심장질환에서도 발견했습니다.

"사람들의 생활 방식은 모든 새로운 형태의 심장 문제를 가져온다. 예를 들면, 심장 박동 장애 혹은 심방세동이 정말 전염병처럼 확산되고 있다."

라고 그녀는 설명합니다.

"그러한 증상은 과거에는 노인들에게서 나타났다. 그러나 지금은 젊은 층에서도 볼 수 있으며 정기적으로 나타난다. 그리고 과체중과 관련이 있다. 과체중은 고혈압을 동반하기 때문이다. 고혈압은 스트레스가 원인일 수도 있다. 그래서 40세와 65세 사이의 여성들에게 심근경색이 점점 늘어가고 있다. 이러한 심근경색은 혈관 막힘이 아닌 갑작스러운 혈관 파열이 원인이다. 우리는 그것을 다른 형태의 심근경색이며 희귀한 경우라고 생각했었다."

"여성들은 크리스마스 줄 장식을 걸어야 하고 생일 케이크를 장식해야 한다. 그리고 다시 일터로 가야하고 가는 도중에 교통체증을 만난다. 도로에 차량이 많아졌기 때문이다. 그리고 밤에는 스포츠센터로 가야 한다."

마아스는 틸뷔르흐 대학교와 이러한 형태의 심근경색과 스트레스와의 연관성을 연구했습니다. 그 연구 결과는 아직 발표되지 않았습니다.

"우리가 발견한 것은 이러한 심근경색이 건강하지 못한 식습관, 과체중과 같은 위험한 원인을 거의 가지고 있지 않지만, 스트레스 수치가 높은 고학력 여성들에게서 주로 나타난다는 사실이다. 이러한 여성들은 아주 건강하게 생활한다. 그러나 그 여성들이 지닌 스트레스는 지난 30년간 매우 크게 달라졌다. 과거에 여성들은 온종일 집에 있었다. 그들은 지루해했을 것이다. 그래서 스트레스를 얻을 수도 있었을 것이다. 그러나 여성들은 온종일 집안일을 하고도 상당히 여유로운 시간이 있었다. 오늘날 여성들은 집안일 이외에 직업을 가지고 있다.

그리고 엄마가 되면 아이들의 학교를 위해서도 모든 일을 해야 한다. 다른 말로 하자면, 임무가 추가된다. 과거에 우리 엄마는 학교에서 아무것도 하지 않았다. 직업도 없었다. 그러나 지금은 여성들에게 직업이 요구된다. 여성들은 크리스마스 줄 장식을 걸어야 하고 생일 케이크를 장식해야 한다. 그리고 다시 일터로 가야하고, 가는 도중에 교통체증을 만난다. 도로에 차량이 많아졌기 때문이다. 그리고 밤에

는 스포츠센터로 가야 한다." 여성에게 너무 많은 것들이 요구됩니다. 이 모든 임무를 읽는 것만으로도 어지럽습니다. 그리고 이러한 여성들에게 완벽주의적 성격도 자주 나타납니다.

마아스는 주장합니다. "완벽주의 성격은 치명적이다. 남성들은 스트레스를 훨씬 잘 조절한다. 그들 역시 할 일이 많다. 그러나 그들은 어느 순간 "나는 지금 다른 것을 할 거야. 그리고 이것은 내일 할 거야."라고 말한다. 여성들은 일을 계속하면서도 머리 속에서는 또 다른 일을 생각한다. 깊이 생각하는 것은 완벽주의의 한 예다. 해야 할 모든 일의 목록을 머릿속에서 계속 반복하며 상기한다. 가끔 목록을 적어보는 것은 도움이 된다. 그러한 경우 머릿속에 더 이상 저장해 둘 필요가 없기 때문이다. 우리는 멈추는 것을 배워야 한다."

그런데도 여성들은 오래된 만트라<참된 말, 마음의 도구>에 따라서 살고 있습니다. "불평하지 마라. 참으며 힘을 구하라."라는 가르침입니다.

심근경색을 가진 여성들에게 나타나는 공통점은 심근경색이 나타나기 일 년 전 그들이 번아웃을 가졌다는 사실입니다. 혹은 아직도 가지고 있습니다. 그리고 아직 잘 회복되지 않은 상태입니다. 마아스는 말합니다. "이렇게 말하면 사람들이 좋아하지 않겠지만 사실이다. 많은 일이 동시에 일어나고 그것들을 한꺼번에 빨리 하려고 하면 갑자기 심근경색이 나타날 수 있다. 심근경색은 항상 아주 조용한 순간에 일어난다. 사람들은 그냥 저녁에 차 한 잔을 마시며 앉아 있다가 일을 당하기도 한다."

우리가 알 수 있는 심근경색 신호는 그동안 경험하지 못한 새로운 종류의 피곤함입니다. "계단을 더 이상 올라갈 수 없을 것 같거나 잠시 자전거에서 내려야 할 것만 같은 생각이 든다. 더는 계속할 수 없기 때문이다. 갑자기 몸 상태에 균열이 일어난다. 그것을 알아차렸을 때 몸에는 이미 어떤 심각한 문제가 있다. 그것은 혈액 부족 현상일 수도 있다. 하지만 몸 상태에 심각한 균열이 오면 반드시 건강검진을 받아야 한다."

여기에 갱년기는 아직 언급하지도 않았습니다. 마아스는 여성들이 건강 이상에 부수적으로 따르는 문제에 대하여 더 이야기하기를 원합니다. 그런데도 여성들은 오래된 만트라에 따라서 살고 있습니다.

"불평하지 마라. 참으며 힘을 구하라."라는 가르침입니다. 그래서 갱년기는 비극이 될 수 있습니다. 여성들은 회의 중에 갑자기 열광선을 발산하는 난로가 정면으로 자기를 향하고 있는 느낌을 갖습니다. 그래서 여성들은 더 이상 깊이 생각할 수 없고 땀만 흘립니다. 모든 힘을 다해서 말을 계속하려고 합니다. 여성들은 이때 얼음 조각이 생각나고 여름 복장을 하고 겨울 풍경을 배경으로 스케이트를 타는 생각을 합니다. 사실 여성들은 그러한 순간에 말 할 수 있어야 합니다.

"여러분, 제가 갱년기 홍조 증상이 있어 잠시 밖에서 찬 바람을 쐬고 돌아오겠습니다."

그렇지만 여성들은 그렇게 말하는 대신에 그들의 모든 호르몬 체계가 서로 뒤엉키어 비명을 지르고 있어도 아무렇지 않다는 듯 가만히 있습니다. 마치 몇 시간 연속 수학 수업을 마치고 체육관에서 마음껏 뛰노는 아이들처럼 아주 열심히 일합니다. 그리고 이것은 생리 기간에도 마찬가지입니다. 마아스는 여성들에게 재택근무를 자주 하라고 권유합니다.

사실 여성들은 그러한 순간에 말 할 수 있어야 합니다. "여러분, 제가 갱년기 홍조 증상이 있어 잠시 밖에서 찬 바람을 쐬고 돌아오겠습니다."

잠시 극단적으로 아무것도 안 하는 문제를 살펴보겠습니다. 많은 사람이 운동을 너무 적게 합니다. 그것도 문제이지 않겠습니까?

마아스가 설명합니다. "분명히 그렇다. 우리는 운동 부족으로 발생하는 악순환을 자주 목격한다. 가끔 나이 오십을 넘긴 여성들에게 갑자기 비극이 일어난다. 그리고 우리는 생각한다. 무슨 일이 일어났을까? 그때 여성들의 체중은 일 년 사이에 15kg 증가한다.

그들은 거의 돌아올 수 없는 순간에 서 있고 관절, 무릎, 고관절에 통증을 느낀다. 운동을 더 하라는 조언을 해줄 수 있으나, 그 순간에는 그런 말을 할 수 없다. 여성들은 갱년기 이후 자주 덫에 걸린다. 여성들은 해결하는 방법을 찾아야 한다. 가정의학 전문의를 방문하면, 의사는 50세 이상 여성들에게 항우울제를 처방한다. 물론 과장된 이야기이다. 그러나 그런 경우를 매우 많이 보았다. 이 점을 더 공개적으로 이야기해야 하며 이해해야 한다."

여성의 건강 문제에 대하여 더 많은 이야기를 합시다. 여성들이여, 증상을 말씀하세요. 불편하다고 이야기하세요. 혼자 견디기 어려우면 도움을 요청하세요. 그리고 그냥 넘기지 마세요. 그것은 결코 좋은 생각이 아니며 아무것도 안 하는 것이 아닙니다. 자신도 모르는 사이에 체중 50kg을 감량해야 합니다. 그리고 그 일은 갱년기에 있거나 갱년기 이후 여성에게는 어렵습니다.

풀타임으로 아무것도 안 하는 것은 인간을 파괴하는 데만 도움을 준다고 여러 연구 결과를 통해 밝혀졌습니다.

아무것도 안 하는 것의 단점은 칼로리를 적게 소비하는 것이며 그렇기 때문에 많이 먹으면 안 됩니다. 가능한 한 오직 오이와 약간의 샐러드를 샌드위치와 함께 먹어야 합니다. 그러나 아무것도 안 하고 감자 칩과 감자튀김으로 위를 채우면 혈관은 막히고 심장에 나쁜 영향을 미칩니다.

천천히

  네덜란드인이 수행하는 일의 종류는 지난 십여 년간 엄청나게 변화했습니다. 일 세기 전에는 모두 밖에서 열심히 일했습니다. 그런데 지금은 많은 사람이 온종일 모니터를 바라봅니다. 일과 개인 생활이 점점 구분되지 않으며 많은 사람이 이미 오랫동안 더 이상 같은 고용주를 위해 30년간 근무하려고 하지 않습니다. 느리게 혹은 천천히 사는 것에 관심이 증가하는 것은 우연이 아닙니다. 제자리에 머물고 서두르지 않으려고 합니다. 인생에서 중요한 것이 무엇인지 바라보려고 합니다. 기본적인 것으로 돌아가려고 합니다. 그래서 다른 많은 유행처럼 셀 수 없이 많은 방법이 등장합니다. 요가, 전체론적 심리요법, 마음 챙김 등등… 사람들은 플로팅 스파 테라피를 하고 '자율 감각 쾌락 반응(ASMR)' 동영상을 봅니다. 정성을 들여 채소밭을 가꾸거나 주말 내내 네덜란드 림뷔르흐 지방의 비어있는 수도원에서 아무것도 하지 않으며 시간을 보냅니다. 모든 것이 머리에 어느 정도 휴식을 주고 너무나 바쁜 생활을 다시 감당하기 위함입니다. 아무 일도 하지 않는 것은 어렵습니다. 우리는 금방 휴대폰을 들고 퍼즐을 하고 온라인 신문 기사를 읽거나 다른 무엇인가를 합니다. 우리는 다른 관심거리를 갖고 싶어 합니다. 즐기고 싶어 합니다. 그것은 엄청나게 많은 방법으로 가능합니다. 핸드폰에 설치할 수 있는 수천 개의 앱을 보세요. 그것들은 끝없는 충동을 일으키고 우리로 하여금 나무 때문에 숲을 더 이상 보지 못하게 합니다.

> *사람들은 플로팅 스파 테라피를 하고 '자율 감각 쾌락 반응(ASMR)' 동영상을 봅니다. 정성을 들여 채소밭을 가꾸거나 주말 내내 네덜란드 림뷔르흐 지방의 빈 수도원에서 아무것도 하지 않으며 시간을 보냅니다.*

  많은 사람이 이 모든 자극으로부터 자기를 보호하기 위해 어느 정도 휴식에 도달하는 방법을 찾습니다. 많이 들어본 방법으로 '마음 챙김'이 있습니다. 그것은 '천천히 사는 삶'에 완벽하게 어울립니다. 가능한 한 덜 자동화된 체계 속에서 일상생활을 하는 것이 중요합니다.

무엇을 구매하는지도 모른 채 장바구니에 50개나 되는 물건을 담지 마세요. 무의식 중에 쿠키 15개를 먹어 치우지 마세요. 하나하나 즐기면서 먹는다는 사실을 인식하며 여유 있게 드세요. 처음과 끝을 전체적으로 인식하면 인생에 중요한 것을 위한 시간이 더 생깁니다. 아무 대로나 떠도는 우리의 생각이 좋은 방향을 향하도록 수시로 노력해야 합니다. 갑자기 아키타견 강아지가 아주 귀엽다고 생각하면서 주의를 빼앗기지 마세요. 그리고 그 강아지가 너무 많은 관심을 요구한다는 것을 유감스럽게 여기지 말고 이 책을 계속 읽기 바랍니다. 그리고 또다시 '내가 이 책을 30분 읽었으니 진공청소기를 돌려야겠다.' 라는 생각을 하지 마세요. 책을 읽고 있는 지금 이 순간이 여러분이 하고 있는 것의 전부입니다. 더 이상은 없습니다.

마음 챙김과 아무것도 안 하는 것과의 관계는 어떤 것일까요? 케이트와 메간<영국 왕실의 왕세손, 왕자비인 케이트와 메간은 각자 개성이 독특하기로 세간의 주목을 받고 있음>의 관계와 같을 것입니다. 이해하시겠습니까?

불교의 가르침을 '마음 챙김'이라는 이름으로 서양에 소개한 사람 중 한 명은 존 카밧진입니다. 그는 분자생물학자이며, 참선 마스터인 숭산 스님의 가르침을 받기도 했습니다. 그는 1960년대 동양의 철학에 관심을 가진 사람 중 한 명입니다.

그는 베트남의 참선 스님인 틱닛한과 함께 마음 챙김에 기본을 둔 스트레스 감소 훈련법을 개발했습니다. 훈련은 몇 주 걸리며 요가와 명상을 조합한 것입니다. 카밧진은 가르침에 관한 한 매우 너그럽습니다. 엄격한 규정이 없습니다. 네덜란드 잡지『해피니즈』는 몇 년 전에 그와 가진 인터뷰에서 사람들이 마음 챙김을 통해 얻을 수 있는 가장 중요한 교훈이 무엇인지 물었습니다. 그는 인생에서 일어나는 대부분의 일을 개인적으로 받아들이지 않는 것이라고 대답했습니다.

"우리에게 무슨 일이 일어나면 우리는 그것을 개인적으로 받아들입니다. 어떤 사람이 우리를 높이 칭찬하면 그때 우리는 '그것 봐. 내가 대단한 사람이야.'라고 생각합니다. 하지만 우리의 실수를 지적하는 사람들도 있습니다. 그럴 때는 우리는 자신을 끔찍한 사람으로 생각합니다. 우리는 대단하지도 끔찍하지도 않으며 성스러운 사람도 나쁜 사람도 아닙니다. 우리는 현재의 모습 그대로이며 일은 그저 일어날 뿐입니다. 항상 우리의 문제로 생각한다면 조만간 불필요한 고통을 갖게 됩니다."

우리는 그렇게 네덜란드에서 아무것도 안 하기를 해볼 수 있습니다. 생각은 가끔 들어오고 나가는 것입니다. 생각을 모두 진지하게 할 필요는 없습니다. 생각은 가끔 머물러 있기만 하면 됩니다.

마음 챙김은 멋질 수 있지만 노력이 필요합니다. 우리에게 볼링을 해보라고 말하는 사람들도 있습니다. 볼링은 정원에서 나뭇잎을 마음을 다하여 하나씩 줍는 것과 같은 효과가 있다고 주장하는 사람들이 있습니다. 그러한 주장이 '마음 챙김'을 하는 모든 사람에게 그다지 중요하지 않다는 것은 좋은 점입니다. '마음 챙김'을 하는 사람들은 이기심을 거의 내려놓았으며 그러한 연구를 개인적으로 받아들이지 않습니다.

'마음 챙김'은 멋질 수 있지만 노력이 필요합니다.

마음 챙김과 아무것도 안 하기와의 관계는 어떤 것일까요? 케이트와 메간의 관계와 같을 것입니다. 이해하시겠습니까? 케이트는 영국의 언론에 맞서며 비난을 쏟았습니다. 그러나 지금은 차기 영국 여왕처럼 자랑스럽게 손을 흔들며 서 있습니다. 메간은 일 년간 견뎌냈습니다. 그러나 그녀의 길을 가기 위하여 도망쳤습니다. 케이트는 높은 목표가 있었고 훈육적이었습니다. 그리고 메간은 버틸 힘이 없었고 그녀만의 길을 갔습니다. 이것은 매우 명확한 비교이며 아주 틀린 것은 아닙니다.

'마음 챙김'은 높은 목표가 있습니다. 사는 동안 여왕이 되는 것, 분명히 하는 것, 터무니없이 빠른 삶과 동행하는 것, 그리고 그 목표를 미래에 두는 것입니다. 아무것도 안 하기는 그것과 전혀 상관이 없습니다. 아무것도 안 하기는 해결책이 아니며 어떤 것과 공존하기 위한 방법도 아닙니다. 아무것도 안 하기는 너무나 작고 너무나 중요하지 않습니다. 원래 작았던 것보다 더 크게 되는 순간 더 이상 '아무것도 안 하는 것'이 아닙니다. 아무것도 하지 않으려면 처음에 아무것도 안 하기를 시작하는 시간을 제외하고 따로 시간을 내면 안 됩니다. 그러나 아무것도 안 하기는 결국 자기도 모르게 일어나야 합니다.

배고픔을 느낄 때가 되어서야 아무것도 안 하기를 그만두고 '아, 내가 잠시 어디에도 다녀오지 않았는데, 참 좋았어.' 라고 생각하는 것입니다.

과민함

어느 누가 다른 평균적인 사람들보다 과도한 자극을 감당하기
힘들어 한다면, 그는 아마 과민한 사람일 것입니다.
그런 사람은 다른 사람들보다 자극에 '더 강한' 방법으로 반응합니다.
임상 심리학자 엘커 판 호오프는 이에 관한 책을 썼으며
네덜란드인의 15%가 과민한 사람이라고 주장합니다.
그녀는 그 주장을 다음과 같이 책에 설명합니다.
"과민성의 핵심은 민감한 사람들이 자기에게 들어오는 정보를
처리하는 방법이다. 과민한 사람은 이 자극을 심각하게 처리함으로써,
다른 과민하지 않은 사람들보다 더 강력한 방법으로 자기를 둘러싼
세상을 근본적으로 다르게 받아들인다.
과민성 증세를 가진 사람은 외부 요소를 관찰하는 데 매우 탁월한
능력을 지니고, 그것을 심도 있게 처리하는 특징을 가진다.
그들이 과도한 자극을 받고 감정적이 되면 상처받을 확률이 높아진다."

명상하기

마음 챙김의 한 부분은 명상입니다. 그것은 자신의 모습을 찾는 방법입니다. 명상은 다양한 형태와 등급이 있습니다. 명상은 매일 1분 동안에도 할 수 있습니다. 처음부터 바로 티벳승이거나 아시시의 성 프란시스쿠스처럼 수년간 동굴에서 다른 사람들과 접촉 없이 계속 앉아 있을 필요는 없습니다.

명상을 위해 자격증을 취득할 필요가 없기 때문입니다. 명상은 정형화된 틀이 없으며, 가장 좋은 점은 명상을 잘 할 수도 있고 못 할 수도 있다는 것입니다. 혼자서도 할 수 있습니다. 하루에 몇 분간만 명상을 해도 차이를 만들 수 있습니다. 그런 짧은 명상을 하는 명상 애호가 수백만 명의 경험담을 이 책에 소개할 수 있지만 그럴 필요가 전혀 없습니다. 여러 종교에서 명상, 회개 혹은 묵상하는 모습을 볼 수 있습니다. 부처는 내적으로 허무를 느껴서 속세를 떠났습니다. 명상은 사람이 자기 영혼을 더 잘 알고 싶어 한다는 생각에 기반을 둡니다. 누군가 우리에게 바보 같은 말을 해서 짜증이 날 때, 호흡만 조절해도 우리는 이미 명상을 하고 있으며 저절로 마음의 안정을 찾습니다. "우리는 감정에 귀를 기울이지만 그것을 다시 놓아줍니다." 라고 달라이 라마는 말합니다. 그리고 우리는 열반에 도달하기 위해 명상을 하지 않습니다. 하지만 빨리 변화하는 일상에서 일어나는 감정과 함께 살아가기 위해 가끔 명상을 합니다.

 *그것은 정형화된 틀이 없으며, 가장 좋은 점은 명상을 잘 할 수도 있고 못 할 수도 있다는 것입니다.*

한 단계 더 나아가고 싶은 사람은 초월 명상을 해볼 수 있습니다. 이것은 비틀즈의 정신적 스승이자 네덜란드에서 잘 알려진 마하리쉬 마헤쉬 요기가 고안했습니다. 그는 생애 마지막 날들을 림뷔르흐 지방 북쪽의 한 마을에서 보냈습니다. 그는 가끔 캐딜락을 타고 숲속을 다녔습니다. 그러나 자신의 모습을 거의 드러내지 않았습니다. 그는 명상을 세계적인 현상으로 만들었습니다.

고양이는 온종일 아무것도 안 하며 지냅니다. 사자는 고양잇과 동물이며 하루 대부분 잠을 잡니다. 사자들은 하루 동안 교미를 자주 합니다(50회, 그렇지만 계속 매우 짧은 시간). 그들의 장점은 무엇일까요? 그들은 밖에서 살고 있습니다. 따라서 임대료를 낼 필요가 없고 융자금도 갚을 필요가 없습니다. 먹을 것을 무료로 얻습니다. 그러나 그들은 최소한 야생에서 먹을 것을 찾아다녀야 합니다. 그리고 죽지 않아야 합니다. 그리고 자손을 번식하는 것이 가장 중요한 일입니다. 대부분의 동물로부터 배울 수 있는 중요한 점은 그들은 천성적으로 순간을 위해 살고 있다는 것입니다. 그들은 기껏해야 영양을 사냥할 때 몇 분 앞서 생각할 따름입니다. 그렇지만 그 이외에는 순전히 그들이 하고 싶은 감정에 따라 행동합니다.

영화감독 데이비드 린치는 잘 알려진 초월 명상 팬입니다. 그는 몸 안에 많은 분노를 지녔다고 2007년 「더히스토리 채널」의 한 다큐멘트 프로그램에서 말했습니다. 그런데 두 주간의 명상이 그의 모든 분노를 조절할 수 있도록 도움을 주었습니다. 사람들은 초월 명상에서 만트라를 얻게 되며 그 만트라와 함께 어떻게 살아가느냐에 따라 차이가 생깁니다.

여러 영적 지도자들과 종교 지도자들은 명상 방법을 설명하고 실행했습니다. 이 서로 다른 명상 방법들은 매우 오랜 역사를 지니고 있지만, 언제나 고요함과 내면의 안정을 찾는 데 공통점이 있습니다.

독일인 에크하르트 톨레는 현재 가장 인기 있는 영적 지도자 중 한 명입니다. 그는 명상은 한 순간에 완전하게 존재하는 것이며 거기에 생각을 추가하지 않는 것이라고 단순하게 설명합니다. 집안에서 평상복을 입고 소파 위에 앉아서 장난감 쥐를 가지고 노는 고양이를 보며 즐기는 것도 명상입니다. 혹은 식기세척기의 소리를 듣거나 멀리서 잔디 깎는 기계음을 듣는 순간도 명상입니다. 가장 중요한 점은 그때 감자를 삶을 생각을 하지 말아야 합니다. 혹은 다른 미래의 계획이나 과거의 문제를 생각하지 말아야 합니다.

생각은 돈을 들이지 않아도 찾아옵니다. 그리고 공짜로 우리 안에 머뭅니다. 그렇지만 그 순간에 내보내야 합니다. 지금이라는 순간에 살아야 합니다. 잘 알려진 그의 책 제목이 『현재의 힘』인 것은 우연이 아닙니다.

독일인 에크하르트 톨레는 현재 가장 인기 있는 영적 지도자 중 한 명으로서, 명상은 한 순간에 완전하게 존재하는 것이며 거기에 생각을 추가하지 않는 것이라고 단순하게 설명합니다.

명상과 학문

명상이 효과가 있다는 학문적 증거가 존재합니다. 하지만 연구가 아직 초기 단계이기 때문에 많은 증거로 뒷받침할 수는 없습니다. 학문으로서 명상은 오랫동안 연구되지 않았습니다. 연구는 주로 사람들이 겪는 정신적 문제를 다루었고, 명상과 같은 어떤 영적인 것의 효과를 다루는 것이 아니었기 때문이었습니다.

그러나 여기에 변화가 왔습니다. 미국의 학자 다니엘 골만과 리차드 데이비슨은 2017년 『명상』이라는 제목으로 모든 명상 연구에 관한 책을 썼습니다. 데이비슨은 직접 프랑스의 불교승 마티유 리카르와 함께 연구했습니다. 마티유 리카르는 히말라야산맥 깊숙한 곳에 은둔하고 있는 수도승을 연구 대상으로 참여시켜 데이비슨을 도왔습니다. 스님들의 뇌를 스캔하였고 그 결과는 놀라웠습니다. 스님들은 보통 사람들보다 더 강력한 감마 주파수를 지닌 것으로 확인되었습니다. 심지어 잠을 자는 동안에도 마찬가지였고 이는 명상이 뇌에 계속 영향을 미치고 있다고 볼 수 있습니다.

감마 주파수는 높은 인지 능력을 가져다 줍니다. 뇌세포들을 서로 연결해주기 때문입니다. 거기에 명상은 뇌의 노화를 늦추고 고통을 다르게 느끼게 한다는 사실도 밝혀졌습니다. 이 결과는 스님들을 대상으로 나온 연구 결과이고, 그들이 규칙적으로 명상을 많이 한다는 사실을 간과하면 안 된다고 학자들은 말합니다.

그리고 많은 것이 아직 밝혀지지는 않았습니다. 물론 학자들은 대단한 일을 합니다. 그러나 그들은 지구의 모든 요소를 고려해야 하므로 자주 혼동이 일어납니다. 참가자 모두가 우연히도 다이어트를 엄격하게 하지 않았을까요? 그들이 태어났을 때 우연히 모두 높은 감마 주파수는 갖지 않았을까요? 그래서 그들은 명상을 하지 않았을까요? 식사를 하면서 함께 마시는 와인 한 잔이 건강에 좋다는 연구 결과 기사를 우리는 가끔 읽습니다. 그러나 그럴 때마다 그 결과를 반박하는 다른 연구 12가지를 찾을 수 있습니다.

마치 성경 해석과 같습니다.

> 명상은 평생 20번 세탁하는 긴 가운을 입은 수도사들을 위한 것이 아닙니다.

명상 연구는 명상이 상당한 효과를 가지고 있기 때문에 불특정 다수를 변화시킬 수 있다는 것을 보여줍니다. 그것은 명상 경험이 전혀 없는 16명을 대상으로 8주간 하루에 30분씩 명상을 하게 한 연구에서 밝혀졌습니다. 하버드 대학은 수년간의 연구 결과를 통해 뇌의 여러 부분에 회색 성분이 더 많은 것을 밝혀냈습니다. 뇌 학자 사라 라자르가 이 연구를 지도하였으며, 그는 스스로 명상에도 열정적입니다.

벨기에 플란더른 지방 출신 신경학자 스테이번 라우레이스는 몇 년 전 개인적인 위기를 겪은 후 명상을 시작했습니다. 그는 명상에 열정적이었고 명상을 학문적으로 연구하기로 마음먹었습니다. 그는 저서 『난센스가 아닌 명상』에서 명상은 뇌 훈련이며, 몸을 위해서 하는 운동과 비교할 만하다고 주장합니다. 그는 명상이 정말 효과가 있는지 밝히는 것은 어려운 과제라고 인정합니다. 평생 명상하는 불교 스님들을 연구할 수는 있습니다. 그렇지만 그들이 오랫동안 명상하지 않던 때, 그들의 뇌가 어떤 모습이었는지 알 수 없습니다. 다른 말로 하자면, 확인하기 어렵습니다. 그런데도 라우레이스는 메시지를 전합니다. 그는 자신의 책에서 명상이 모호한 것은 아니라고 강조합니다. 명상은 평생 20번 세탁하는 긴 가운을 입은 수도사들을 위한 것이 아닙니다. 모두가 명상을 할 수 있습니다. 그리고 아마 효과를 볼 것입니다.

실용적인 팁

어떻게 긴장을 풀까?

실용적인 팁

"**아**무것도 안 하려면 매우 단호해야 합니다."라고 여성 요가 학원 Slowww의 미리암 에버르스가 주장합니다. 그녀는 Slowww를 통하여 사람들이 쉬운 방법으로 긴장을 풀도록 도움을 줍니다.

"세상에는 너무나 많은 유혹이 있습니다. 핸드폰부터 드라마 시리즈 그리고 여러 가지 레슨까지. 항상 무엇인가를 하고 싶은 유혹이 큽니다." **어떻게 이 문제를 해결해야 할까요?**

· 가능한 한 작게 시작하기

사람들이 긴장을 풀고 싶으면 무엇인가를 해야만 한다는 느낌을 자주 가집니다. 예를 들면, 사람들은 30분 명상을 위해 먼저 타이머를 가져다 놓습니다. 하지만 그런 변화를 인생에 가져올 필요가 없습니다. 작은 변화는 쉽게 이루어집니다. 그리고 그 변화는 정화작용을 합니다.

긴장을 풀려는 순간에는 거리를 두고 인생을 바라보기가 쉽습니다. 또한, 무엇을 하거나 사거나 혹은 다른 방법으로 허전함을 채울 필요가 적어집니다. 5분간 눕는 것부터 시작하세요. 눈을 반드시 감을 필요는 없습니다.

하지만 모든 자극을 해소할 여유를 가지세요. 그러면 쫓기는 느낌이 줄어듭니다. 긴장을 푸는 순간을 하루 중 한순간 혹은 여러 번 반복해서(예를 들면, 버스를 기다릴 때 혹은 차를 끓일 때) 가져보세요.

· 가끔 내면을 돌보기

책을 읽거나 텔레비전을 볼 때는 긴장이 풀릴 것입니다. 그렇지만 그때 우리는 내면을 보살피지 않습니다. 우리는 자신 바깥에 관심을 둡니다. 가끔 내면을 돌보는 것도 중요합니다. 그것은 오직 외부에서 오는 자극에 모든 관심을 두지 않은 채 내면으로 관심을 돌리는 순간에만 가능합니다. 그럴 때 우리 내면의 느낌이 어떤지 정말 알게 됩니다. 어떤 자세로 5분간 누워있으면 신체적으로는 많이 긴장하지 않은 상태라는 걸 요가를 통해 알게 되었습니다. 그리하여 바쁜 하루를 보내고 잠시 자기 자신을 만납니다. 그러나 사람들은 불안을 느낍니다. 아무것도 안 하기에 익숙하지 않기 때문입니다.

• 같은 시간에 한 가지 일만 하기

　아이가 관심을 받고 싶어 할 때, 아이와 함께 놀아주면서도 핸드폰을 보고 싶은 유혹이 클 때가 가끔 있습니다. 관심을 한 곳에만 집중하도록 하세요. 아이들은 우리가 동시에 여러 가지 일을 하고 있다는 것을 바로 알아차립니다.

• 노동자를 위한 팁

　호흡 운동 같은 긴장 풀기 운동을 공공장소에서 하는 것이 어렵다는 말을 자주 듣습니다. 그들은 그러한 운동을 하기 위해 화장실과 같은 비밀이 보장되는 공간을 찾습니다. 그런데 같은 필요성을 가진 동료가 있으면 도움이 됩니다. 함께 하는 것은 좀 더 쉽고 서로에게 농담도 건넬 수 있으며 그로 인하여 마음이 가벼워집니다.

팁!

작게 시작하세요. 전혀 아무것도 안 하는 작은 순간을 가져보거나 호흡 훈련을 하세요.

- 관심을 밖에 두는 것과 내면을 돌보는 것의 차이에 관심을 가지세요.
- 같은 시간에 한 가지 일만 하세요.
- 쉬는 시간을 함께 보낼 동료를 찾으세요.

유리 창문 앞에
말할 수 없이 따분하게
앉아 있다.
내가 저 두 마리 개가
될 수 있다면,
그럼 함께 놀 수 있을 텐데.

아무것도
안 하기와
바깥 세상

- 중세시대 꿈에 빠져들기

- 기계의 출현

- 아무것도 안 하는 것은 공짜

- 돈벌이 수단으로서 관심

- 미루기의 시적 표현

사람들은 모든 세기에 걸쳐 아무것도 안 하는 것을 즐기려고 노력했습니다. 그렇지만 주의를 다른 것에 계속 빼앗깁니다. 처음에는 배고픔이 나중에는 경제적인 위기와 사회적 불안이 더 큰 원인이었습니다. 아무것도 안 하기는 산을 옮기지도 못하고 교통체증도 해결하지 못합니다. 그렇게 함으로써 연금을 저축하는 것도 아니고 세금 공제 혜택을 받는 것도 아닙니다. 다시 말하자면, 아무것도 안 하기는 실용성이 없습니다. 더욱이 우리는 그런 우울한 마음으로 계속 깊게 생각하고, 그래서 기분이 가라앉고 더 악화되어 화가 나기도 합니다. 네덜란드 사람들은 그런 것을 좋아하지 않습니다. 일<활동, 노동>은 그런 생각을 거부하고 사회적 가치를 부여합니다. 어떻게 우리는 이 문제에서 아직도 벗어나지 못하고 있을까요?

주의력결핍 과잉행동증후군(ADHD) 증세를 가진 것 같은 현재 네덜란드의 모습을 보면, 마치 중세인들이 겪었던 스트레스를 우리가 지금 겪고 있는 것처럼 보입니다. 네덜란드를 칼빈주의 국가라고 자주 말합니다. 칼빈의 가르침대로 열심히 일하고 불평은 금기 사항으로 받아들입니다. 그러나 네덜란드인은 아주 오래전부터 일 욕심으로 사로잡혀 있습니다. 인간은 낙원에서 추방되었고 먹을 것을 위해 열심히 일해야 한다는 생각에서 비롯되었습니다.

16세기에 들어서 칼빈은 이 사상을 더욱 강화했습니다. 그리고 그때 인류는 이미 오랜 시간 열심히 일하며 세계를 발견하는 일에 몰두하고 있었습니다.

네덜란드는 칼빈주의 국가라고 자주 말을 합니다. 열심히 일하고 불평은 금기 사항으로 받아들입니다.

네덜란드를 바라보면 단정한 나라로 보입니다. 아무도 쳐다보지도 않는 낡고 오래된 집은 거의 없고 아무도 가보고 싶지 않은 숲도 거의 없습니다. 모든 것이 계획에 의해 세워졌고 목적과 효용성을 가지고 있습니다. 그것은 네덜란드인들이 해수면 아래에 살고 있고, 그러한 삶은 힘들기 때문입니다. 둑을 건설하고 둑이 범람하지 않도록 유지 보수작업을 매일 해야 합니다. 그리고 네덜란드인들은 물길을 이용하여 네덜란드 밖으로 나가서 무역을 하며 물품을 전 세계로 운반합니다.

네덜란드 속담

입을 다물고 있는 것보다 크게 말하는 것이 낫다. – 최선을 다해 일하는 것이 포기하거나 실패하는 것보다 낫다.

게으름은 악마의 유혹이다. – 게으른 사람은 악마와 어울리는 자다.

게으름은 빈곤하게 하고 노동은 따뜻하게 해준다. – 게으르면서 부자가 된 사람은 없다.

이 근면과 검약에 관한 네덜란드 속담들은 네덜란드인이 옛날부터 아무것도 안 하기와는 관계가 거의 없다는 것을 보여줍니다. 네덜란드인은 모든 물건을 파는 상인처럼 열심히 일합니다. 네덜란드인은 바깥세상으로 나옵니다. 그래서 시간과 마음의 여유가 차단되어 있습니다. 따라서 아무것도 안 하기를 시작하기 전에 우리를 둘러싼 주변 여건이 조성되어야 합니다.

파라다이스

　네덜란드인들은 가만히 앉아 있는 것을 배우지 못했습니다. "칼빈주의에 의지하는 사람들이 특별히 네덜란드인들만은 아닐 것이다. 그리고 칼빈주의란 열심히 땅을 파고 일하는 것을 의미한다." 라고 중세 문학 전문가 헤르만 플레이 명예교수가 설명합니다.
　"이런 것은 새로운 땅의 정착 역사에 필연적으로 등장한다. 그러한 민족성은 우리의 유전자 혹은 DNA에 있는 것이 아니다. 인간은 유전자로 결정된다고 자주 말하지만, 전혀 맞는 말이 아니다. 네덜란드인은 열심히 일하고 외부 지향적인 상인이다. 상인 정신이 칼빈주의적일지 모른다는 주장은 근거가 없다. 상인 정신은 훨씬 더 이전에 낮은 땅<현재 네덜란드, 벨기에 지역>에서 일어났기 때문이다."

　중세시대의 삶은 농부에서 최고 부자에 이르기까지 모두에게 힘들었습니다. 중세 기사들을 다룬 영화에서는 모든 것이 재미있게 보입니다. 그러나 삶은 지독히 힘들었습니다. 여성은 12살에 정혼할 수 있었고 겨울은 영하의 기온이 몇 주간 지속될 정도로 몹시 추웠습니다. 강추위에 감기가 만연했을 뿐만 아니라 식량도 많이 부족했습니다. 겨울에 살아남은 사람들은 추위 다음에 오는 전염병에 걸릴 수 있었습니다. 그리고 그러한 삶이 아직 충분히 힘들지 않다는 듯, 삶이 끝나면 지옥에 떨어질 수 있다는 두려움도 있었습니다.

　중세시대 사람들은 관심을 돌리고 싶어 했기 때문에 어딘가에 음식과 마실 것이 모두에게 충분하고 일할 필요가 없는 느리고 편안한 나라가 있을 거라는 꿈을 꾸며 살았습니다. 그곳은 사람들이 왕의 형제자매처럼 살고 있는(책임은 없고, 모든 특혜를 가진) 파라다이스였습니다.
　피터 브뤼헬의 1567년 그림에 세 남자가 배를 내놓고 누워있고 네 번째 남자는 구운 거위 고기를 목 안에 집어넣은 모습이 있습니다. 돼지 한 마리는 칼이 배에 붙어있는 채로 걸어 다니고 있습니다. 채식주의자는 파라다이스의 시민이 아니었나 봅니다. 그리고 그들은 실업자였습니다. 노동이 금지되었기 때문입니다. 사람들은 그곳에서 공짜로 아무런 대가도 치르지 않고 배 불리 먹고 빈둥거리며 지낼 수 있습니다.

소유라는 개념도 존재하지 않습니다. 따라서 부러움도 없습니다. 와인이 강처럼 흐르고 구운 수탉과 암탉이 넘쳐나는 나라입니다. 모든 사람이 나와 섹스하기를 원합니다. 언제나 그곳은 좋은 날씨입니다.

헤르만 플레이 교수는 그러한 꿈의 나라에 관하여 『코칸여』라는 책을 썼습니다.

"중세시대에도 사람들이 끔찍하게 지루해하고 모든 종류의 놀이를 생각해야 했던 시절이 있었다. 날씨가 좋지 않거나 비가 많이 내릴 때 사람들은 나다닐 수 없고 집안에 머물러야 했다. 마침내 진흙으로 뒤범벅된 동냥하는 수도사라도 마을에 찾아오면, 그는 그냥 떠날 수가 없었다. 사람들에게 이야기를 들려줘야 했기 때문이다. 그래서 수도사는 모든 이야기를 지어냈으며 가장 믿기 어려운 중세 기사들의 이야기들을 들려주었다. 그것이 현재 우리 문화의 원천이다."

영국의 인본주의자 토마스 모어는 16세기에 '유토피아' 용어를 소개했습니다. 그러나 그것은 게으르고 편안한 나라에 관한 생각과는 다른 개념입니다. 헤르만 교수는 말합니다. "모어의 유토피아는 사회비판적이고 풍자적이다. '코칸여', 즉 16세기에 파라다이스를 칭하던 이 용어는 다른 성격을 지닌다. 그것은 두려움에 대한 보상과 퇴치를 내포한다. 첫 번째로 식량 부족에 대한 두려움이 있었다. 기근에 대한 두려움은 부자 시민들에게도 있었다. 기근의 공격과 해결은 반복되었다. 기근이 찾아오면 즉시 큰 문제가 되었고 그 다음에는 질병이 만연했다. 그럴 때 사람들은 두려움을 보상받고 비참한 생활을 웃어넘기기 위한 농담이 필요했다. 그런 것들이 '코칸여'를 통해 만들어졌다. '코칸여'는 언제나 먹고 즐기는, 음식이나 동물에 관한 중세사회의 상상의 세계였다."

느릿함은 중세시대에 게으름과 함께 주요한 죄악이었습니다. 피터 브뤼헬이 자신의 그림 <파라다이스> 아래에 적은 것처럼, 팔짱을 겨드랑이 사이에 끼는 것은 악마가 시키는 짓이었습니다.

> **인생이란**

숨이 멎을
만큼 놀라운
순간의 연속이 아니다.
인생은 천식 환자의
기침 소리에
더 가깝다. ooo

'코칸여'는 교회가 강요한 생각, 즉 노동은 하나님이 아담과 이브에게 내린 죄라는 생각에서 벗어나는 수단이었다. 그들이 낙원에서 추방되었기 때문이었다.

"중세 사람들은 낙원이 어딘가에 아직 존재한다고 확신했다. 그러나 낙원은 닫혀 있고 더 이상 들어갈 수 없는 곳이었다. 그래서 낙원을 꿈꾸는 것은 기분을 좋게 해주었다. 사람들은 늘 그런 낙원을 꿈꾼다. 지금 텔레비전을 보고 있어도 마찬가지다. 중세시대에 바라던 모든 꿈은 사실 서구 사회에서 실현되었다. 탐욕은 중세시대에 죄악이었다. 사람들은 항상 먹는 것을 생각한다. 그렇지만 무엇보다도 식사 시간 이외에 더 먹는 것은 식탐이다. 중세 사람들은 보통 하루에 두 번 식사했다. 수도사와 수녀들은 하루에 한 끼만 먹었다. 하루에 세 번 식사를 하거나 온종일 먹으면 탐욕적이라고 했다. 세계적인 도시에서 사람들이 밤낮으로 음식을 먹을 수 있게 된 것은 그렇게 오래전 일이 아니다."

중세시대의 삶은 농부에서 최고 부자에 이르기까지 모두에게 힘들었습니다. 중세 기사들을 다룬 영화에서는 모든 것이 재미있게 보입니다. 그러나 삶은 지독히 힘들었습니다.

느릿함은 중세시대에 게으름과 함께 주요 죄악이었습니다. 피터 브뤼헬이 자신의 그림 <파라다이스> 아래에 적은 것처럼 팔짱을 겨드랑이 사이에 끼는 것은 악마가 시키는 짓이었습니다. 일을 그만둔다면 근심이 일고 우울해지고 결국 죽고 싶어 했을 것입니다. 그래서 그것은 악마의 장난이었습니다. 우리는 지금 코칸여에 살고 있습니다. 그러나 아직도 행복을 찾고 있습니다. 어떻게 그럴 수 있을까요?

"언제나 충분하지 않기 때문이다." 라고 헤르만 교수는 말합니다.

"모든 세기에 걸쳐 이야기들은 인생을 직접 지휘하고 통제 아래 두고 다스리려는 사람들의 모험으로 이루어진 것이 특징이다. 사람들은 그것을 절대 포기하지 않을 것이다."

산업혁명

중세시대에 사람들은 아무것도 안 하는 꿈을 꾸었습니다. 그리고 사람들은 계속 그렇게 하고 있습니다. 아무것도 안 하기는 우리가 강렬하게 바랄 수 있는 것입니다. 사회에서는 열심히 일을 하라고 장려합니다. 실제로 아무것도 안 하는 것은 절대 칭찬받지 못합니다. 이 같은 현상은 산업혁명 시기에 더욱더 심했습니다.

그때는 모든 사람이 돈을 더 벌 수 있었습니다. 경쟁 사회는 소득 증가를 가져왔습니다. 열심히 일하면 부자가 될 수 있었습니다. 자유시간에 무엇을 해야 할지 모르는 느낌은 언제나 있었고 지난 세기에도 마찬가지였습니다.

물론 빈둥거림에서 장점을 찾은 사람들도 있고, 전혀 아무것도 안 하는 것의 유익한 효과를 알리는 사람들도 있습니다. 1951년『더 헬더르란더』신문의 한 칼럼은 독자들에게 한 시간 정도 아무것도 안 하면서 난초 옆에 앉아 있을 것을 권장했습니다. "사냥하는 듯한 도시 생활에 사로잡혀 그런 생활을 더 이상 할 수 없는 사람들이 있다. 그렇지만 그것은 휴가를 사랑하는 이상적인 방법이다."

여성의 손과 말의 이빨은 절대 쉬지 않습니다. 브리트니 스피어스는 <You better work, bitch> 곡으로 이를 잘 말해주고 있습니다.

일주일 근무 시간

네덜란드인들은 수 세기 전에는 주 36시간보다 훨씬 많은 두 배 혹은 아마 세 배는 더 일했을 것입니다. 하루 8시간 근무는 1919년 법으로 명문화되었고, 그 후에 오랜 시간이 지나 토요일 반나절 휴일과 일요일 휴일이 시행되었습니다. 사람들이 공식적으로 자신을 위해 시간을 가질 권리를 갖고 지금 우리처럼 진취적으로 되었을 때, 사회의 모든 산업이 즉시 발달하기 시작했습니다.
그때는 아무것도 안 하는 것이 존재하지 않았으며 긍정적으로 여기지 않았습니다. 게으름 피우기와 아무것도 안 하기는 무덤에서나 하는 것으로 생각했습니다. 그러한 생각은 사람을 불편하게 만듭니다. 신앙인들에게 빈둥거림은 천국으로 가는 길을 어렵게 합니다. 게으름을 피우는 것(느릿함)은 가톨릭 신도들에게 심각한 죄악입니다. 네덜란드인 전체가 한 번이라도 아무것도 안 하기를 해본 적이 있을까요? 네덜란드에 1919년 노동법이 채택되었고 그 법은 모든 노동자가 1주마다 하루 휴일을 가질 권리를 가진다고 규정했습니다.
기독교 정당들은 그날이 일요일이 되게 했고 모든 사람이 교회에 갈 수 있게 했습니다. 교인이 아닌 다른 사람들은 다른 날을 선택할 수 있었습니다. 토요일은 어쨌든 반나절 휴일이 되었습니다.
제2차 세계대전 후 사람들은 모든 피해를 다시 복구하기 위해 더 많이 일했습니다. 당시에는 주 48시간이 최소 근무 시간이었습니다. 경제가 부흥했을 때 의무적인 노동시간은 다시 줄어들었습니다. 노동자들은 1960년대 주 5일 근무제를 얻어냈습니다.
유럽연합의 주 최대 근무 시간은 48시간이며 네덜란드의 주 평균 근무 시간은 36~38시간입니다.

페미니즘

집안일에 소비되는 시간은 세월의 흐름에 따라 줄어들었습니다. 이와 함께 여성들은 '침대 시트는 아무도 보지 않고 매일 아침 다시 완전히 구겨져 있는데, 나는 왜 서서 다림질하고 있는 것일까?'와 같은 생각을 더 자주 했습니다

세탁기, 진공청소기 그리고 믹서기가 우리 생활에 서서히 들어와 여성들은 더 많은 시간을 갖게 되었습니다. 사무실과 사무직 일자리, 커피 자동판매기, 에어컨, 커피 타임, 캐주얼 금요일, 그리고 근무 시간과 주말에 관한 법들이 등장하여 여성들이 노동시장을 탐색하게 되었습니다. 그러한 유행의 바람이 어디에서 불어왔는지 한번 들여다봅시다. 물론 아무도 알 수 없는 사이 천천히 조금씩 진행되었습니다. 집안일을 하던 여성들의 삶에 새로운 변화가 찾아왔습니다. 그들에게 자유시간이 주어졌습니다.

동화작가 엘리너 카핏은 1952년 동화책 『여우와 양』으로 탐정 이야기 분야에서 상을 받았습니다. 그녀는 자신의 딸들이 자는 시간에 글을 썼습니다. 그 후 그녀는 긴장감 넘치는 책 몇 권을 집필했으며 『더 텔레흐라프』 신문에 다사로운 집안일에 관하여 기고를 했습니다. 그녀는 아이들을 위해 고용한 베이비시터에 관한 이야기, 집에 전화기를 설치할 때 어려웠던 점 그리고 '퇴직금이 거의 지급되지 않는' 엄마라는 직업에 대하여 칼럼을 썼습니다. 그녀는 1964년 집안일을 내버려 둘 때의 장점을 칭찬하는 칼럼을 썼습니다. 그냥 가끔 모든 것을 무시하는 것이었습니다. 그녀는 가사도우미를 두지 않았고 청소를 깔끔하게 하기에는 너무 큰 집을 가지고 있었습니다.

"당신이 몇 가지 더 많은 생활 지식을 갖고 있고, 그래서 당신의 모든 지인이 당신을 존경한다면, 집안일에서 당신이 얻을 기쁨이 얼마나 클지 누가 알겠습니까?"

그녀는 그 칼럼에서 지저분한 집의 장점을 나누어서 칭찬했습니다. 아무도 엘리너의 집을 방문하려는 사람이 없으므로 그녀가 말하는 방문자의 '검열'도 신경 쓸 필요가 없습니다. "물건을 완전히 없애고 싶으면 그것들을 그냥 세면대 아래 가구에 넣으면 된다. 그곳에는 오래된 청소용 스펀지와 세차 스펀지가 뒤엉켜 놓여있고 쾌쾌한 냄새가 나는 바구니가 놓여있다." 엘리너의 집은 커다란 잡동사니 보관소였습니다. 그러나 그녀는 아무것도 안 하며 갖게 되는 시간을 자랑했습니다. 아무것도 하지 않는 것을 페미니스트적 저항 행동으로 여겼습니다.

『리벨러』 잡지는 하루 저녁만이라도 남편이 아이를 돌보게 하라고 조심스럽게 제안했습니다.

용기 있는 엘리너 카핏이 아닐 수 없습니다. 몇 달 후 페미니즘 운동을 향해 조심스럽게 발걸음을 내디딘 『리벨러』 잡지사가 그녀의 뜻을 이어받았습니다. 『리벨러』 잡지는 1965년 1월 매우 돌발적인 아이디어를 꺼내 들었습니다. 편집진은 그 아이디어를 어떻게 설명해야 할지 엄두조차 내지 못했습니다. "우리가 하려는 말을 아주 잘 들어보겠습니까?"로 그 이야기를 시작했습니다. 지금은 50년 전에 이러한 조심스러운 접근이 필요했었다고 상상하기 어렵습니다. 그러나 『리벨러』 잡지는 강력하게 주장했습니다.

"여러분 한번 생각해보십시오. 여러분의 자유 시간에 관한 문제입니다. 여러분은 자유시간이 전혀 없다고 지금 당장 말하지는 않을 것입니다. 당신은 지독하게 바쁩니다. 아침 일찍부터 저녁 늦게까지 일을 합니다. 그리고 밤에 잠을 잘 때는 죽을 만큼 피곤해서 침대에 벽돌처럼 떨어집니다." 그리고 이 여성 잡지는 독자들에게 질문을 했습니다. "그렇지만 솔직히 한 번 이야기해봅시다. 매주 한 번쯤 당신만의 시간을 가지려는 노력을 안 하고 있지는 않습니까?"

『리벨러』 잡지는 하루 저녁만이라도 남편이 아이를 돌보게 하라고 조심스럽게 제안했습니다. "남편은 아마 당신이 그런 제안을 하면 큰소리로 웃을지도 모릅니다. 그러나 남편은 당신의 요청을 이성적으로 곰곰이 생각해볼 것입니다." 그러나 그 시간을 게으르게 낮잠을 자는데 쓰거나 쓸데없는 산책을 하며 허비하라는 의도는 아니었습니다. 모자를 만드는 강좌, 요리 강습 혹은 의자를 보수하는 강좌를 듣기 위해 시간을 가지라는 호소였습니다. "당신이 몇 가지 더 많은 생활 지식을 갖고 있고, 그래서 당신의 모든 지인이 당신을 존경한다면, 집안일에서 당신이 얻을 기쁨이 얼마나 클지 누가 알겠습니까?" 『리벨러』잡지는 이것을 하나의 유행으로 봤습니다. "네덜란드 대부분 지역에서 집안일을 과중하게 담당하는 주부들은 일주일에 몇 시간 일상에서 완전히 벗어나기 위해 자유시간을 가질 것입니다."

『리벨러』잡지의 호소는 우리에게 좀 더 많은 자유시간을 주었습니다. 그리고 1950년대 텔레비전이 거실에 들어왔습니다. 그 이전에 사람들은 정해진 시간에 라디오에 다가가서 라디오 방송을 청취했습니다. 그렇지만 텔레비전은 사람들을 더 편하게 쉬도록 해주었습니다. 하루 열심히 일한 후 텔레비전을 켭니다. 그리고 텔레비전은 밤 늦도록 꺼지지 않습니다. 텔레비전 시청은 인터넷 덕택에 다른 모습을 갖게 되었습니다. 그러나 우리는 많은 드라마를 오랜 시간 시청합니다.

유행

21세기 초부터 아무것도 안 하기, 빈둥거리기 그리고 게으름 피우기가 유행입니다.

'Chillen(칠런, 특별한 일을 하지 않고 놀다)'이라는 동사가 유행어가 된 것은 우연이 아닙니다. 2000년대 초 사람들은 열심히 게으름을 피우기 시작합니다. 라운지 카페를 방문하고, 그곳에서 사람들은 몸을 소파에 걸칩니다.

그리고 음료를 마시며 마음의 안정을 취하기 위해 <Ibiza Lounge 15>음악을 듣습니다. 『온저 탈』잡지는 2001년 독자들에게 이러한 유행을 의미하는동사 'loungen(라운센, 게으름을 피다)'의 대체어를 공모했습니다. 몇몇 독자들은 'niksen(닉센, 아무것도 안 하다)'을 제안했습니다.

그러나 그 잡지의 편집진에 따르면 '라운센'은 '닉센'보다 훨씬 더 많이 무엇인가를 하는 것이라고 판단했으며, 그것은 물론 사실입니다. '라운센'을 하기 위해서는 쿠션 여러 개와 느린 박자의 조용한 음악이 필요합니다.

아무것도 안 하기 위해서는 여러분이 알 수 있듯이 아무것도 필요하지 않습니다. 오직 용기와 마음 그리고 머리를 비우고 아무 생각 없이 멍하니 앞을 바라볼 시간이 필요합니다.

경제 능력

우리는 지금 비교적 많은 자유시간을 가지고 있습니다. 아울러 그 시간에 자기를 위해 무엇인가를 할 수 있는 돈도 가지고 있습니다. 돈은 오랫동안 아무것도 안 하기의 가장 큰 적이었습니다. 우리는 아직도 주택융자 신청을 주저 없이 합니다. 그러나 희망이 있습니다. 경제학자들은 이미 성장 위주가 아닌 현 상태를 유지하는 경제 시스템에 대하여 이야기합니다.

그리고 일을 그만두고 최소한의 것만 갖추고 사는 사람들도 있습니다. 물건 소유는 인기를 잃고 공유 경제가 영역을 넓히고 있습니다. 우리는 살면서 부자가 되고 행복하기 위해 일을 열심히 합니다만, 한편으론 현재 상태를 열심히 즐기고 싶어 합니다. 이 모든 것이 아무것도 안 하기에 포함되어 있습니다. 그리고 어떠한 것도 배제하지 않습니다.

여기에 네덜란드의 상인 정신이 다시 등장합니다. 아무것도 안 하는 것이 공짜라는 가장 큰 장점을 잊지 맙시다(그것은 돈에 아주 민감한 네덜란드인의 상인 정신입니다).

아무것도 안 하기 위해서는 아무것도 필요하지 않으며 언제나 즉시 시작할 수 있습니다.

먹는 것에도 돈을 많이 쓸 필요가 없습니다. 느릿느릿 다니면 에너지가 거의 소비되지 않기 때문입니다. 그리고 당신의 친구들과도 할 수 있습니다.

아무것도 안 하기는 목표를 아주 낮게 두기 때문에 목표가 보이지 않습니다. 목표가 잠시 존재하지 않습니다. 식은 죽 먹기입니다. 이처럼 쉽게 하는 것이 목표입니다. 아무것도 안 하면서 돈을 많이 절약할 수 있습니다. 돈을 쓰는 무엇인가를 하는 대신에 아무것도 안 하므로 돈을 절약할 수 있습니다. 우리가 잠시 편안하게 아무것도 안 하기를 시작하면 – 한 시간 혹은 그 이상 – 온라인으로 마음에 드는 옷이나 꼭 필요하지 않은 전자기기를 찾아보지 않습니다. 교체할 필요가 전혀 없는 것을 구매하지 않을 것입니다. 실제로 필요치 않는 물건에 돈을 쓰지 않기 때문에 돈을 절약합니다.

우리가 아무것도 하지 않으면 시간을 다르게 사용할 것입니다.

아무것도 안 하기는 공짜라는 가장 큰 장점을 잊지 맙시다. 아무것도 안 하기 위해서는 아무것도 필요하지 않으며 언제나 즉시 시작할 수 있습니다.

공짜 돈

아무것도 안 하면서 돈을 버는 것은 많은 사람의 꿈입니다. 명성에 문제가 있고 권력 싸움이 있기는 하겠지만 백만장자의 상속인이라면 얼마나 좋을까요? 로또에 당첨되면 얼마나 좋을까요? 사무직 근로자들은 하얀 모래사장이 있는 외딴 섬에 이글거리는 태양 아래 쳐진 그물망 침대 사진을 모니터로 보면서 꿈을 꿉니다. 그러나 적금한 돈을 전부 다 두 주간 휴가를 위해 써야 한다면 문제가 달라집니다. 그러므로 부자로 성공하여 아무것도 안 해도 되는 상상을 잠시 해보세요.

1. 유산 상속자

패리스 힐튼과 같은 부자 유산 상속자들은 평생 일할 필요가 없습니다. 패리스가 '인플루언서〈사회에 미치는 영향력 큰 사람〉'라는 용어를 발견한 것이 우연일까요? 그녀는 자기의 'it-girl 그리고 사교계 명사' 신분으로 거액을 벌어들인 최초의 인물로서 그 용어의 기초를 다졌습니다. 그녀는 경력도 없이 자신이 지닌 모습 그대로 돈을 뿌리는 파티광으로 유명해졌습니다. 그녀는 따분해하고 엄청난 부를 누리는 여자로서 자기의 이미지를 제국처럼 발전시킬 수 있었습니다. 사람들은 그녀를 멍청하다고 평가했습니다. 그러한 운명은 나중에 카일리 제너에게도 주어졌습니다. 하지만 이 여성들은 자기의 개성을 바탕으로 많은 수익 모델을 창출할 수 있었습니다. 심지어 제너는 가장 어린 나이로 자수성가형 억만장자가 되었습니다. 그들은 부유한 인생을 더 부유하게 만들기 위해 가꾸었습니다.

2. 로또 당첨자

이보다 부자가 되는 더 쉬운 길은 거의 존재하지 않습니다. 로또를 사고 당첨되는 것입니다. 그런데도 로또 당첨자 대부분이 일을 완전히 그만두지 않은 것으로 밝혀졌습니다. 그들은 일을 줄이는 정도입니다. 그렇지만 스웨덴의 한 연구 결과에 따르면, 로또 당첨자들은 당첨되지 않은 자들보다 더 행복하다고 합니다. 단지 돈으로만 그런 것은 아니고 당첨되었다는 기분 때문이기도 합니다. 그 영향은 20년간 계속될 수 있습니다.

3. 자신의 일을 중국에 위탁한 남자

봅이라는 평범한 프로그래머는 미국 회사 버라이즌에서 자기의 일을 직접 수행하지 않았다는 사실이 밝혀질 때까지 수년간 근무했습니다. 그는 한 중국의 기업에 자기 급여의 5분의 1을 주고 자신의 일을 대신하도록 맡겼습니다. 그리고 그는 웹 서핑을 했습니다.

네덜란드는 파트타임 일이 세계에서 가장 많은 나라입니다. 네덜란드 노동인구의 약 절반이 파트타임으로 일을 합니다(440만 명). 풀타임이라는 개념은 지난 세월 약해졌으며 미래에는 사라질 것입니다. 짧은 하루 일과시간이 더 많은 생산성을 가져올 것인가에 관한 연구는 계속될 것입니다. 또한, 점점 많은 사람이 재택근무를 하고, 재택근무는 출퇴근 시간을 아껴줍니다. 시간은 아무것도 안 하기에 중요한 조건이므로 더 많은 자유시간은 아무것도 안 하는 데 도움을 줄 수 있습니다.

변동적 유연근무

사무실에서 일하는 사람들은 '새로운 근무 방식(HNW)'이라는 용어를 들었을 것입니다. 마이크로 소프트 빌게이트 회장은 2005년 '새로운 일의 세계'라는 메모를 회람시켰습니다. 그는 이 메모에서 일하는 방식이 새로운 기술에 의해 어떻게 변화할 것인가를 예측했습니다. 사람들은 일하는 공간을 더 공유할 것이고 개인의 생산성은 크게 증가할 것으로 내다봤습니다. 그는 탄력적인 근무 장소와 탄력적 근무시간을 목표로 정한 '새로운 근무 방식'으로 가는 길을 열었습니다. 그로 인해 비용을 줄일 수 있고 자유가 만능 단어인 젊은 세대는 오랫동안 행복할 것입니다. 그러나 그것은 보건, 교육, 호텔, 레스토랑, 카페에 종사하는 사람들에게는 아직 가능하지 않습니다.

근무시간 축소

2007년 티모티 페리스의 책『주4시간 근무』가 출간되었습니다. 유감스럽게도 아직 모든 사람이 주4시간 근무를 하지는 못합니다(예를 들면, 일부 사람들은 정신과 환자를 돌보는 일을 하기 때문입니다. 그들은 환자들이 회복하도록 원격으로 도움을 줄 수 없습니다). 네덜란드에서는 주 36시간 근무가 일반적인 기준입니다. 그리고 우리는 샤워 시간, 수면 시간 그리고 자유시간과 같은 개인적인 시간을 갖습니다. 네덜란드 사회 문화 기획원은 매년 네덜란드인의 삶에 대한 만족도를 조사합니다. 2016년에 네덜란드인들이 자유시간에 무엇을 하는지에 관한 연구 결과가 발표되었습니다. 남성과 여성은 모두 같은 자유시간을 누립니다(주 43~44시간). 그런데 여성들은 '개인적인 치장'에 더 많은 시간을 소비합니다. 흥미로운 통계 결과는 다음과 같습니다.

- 남성의 4분의 3은 자유시간을 '자기 계발'을 위해 사용하기 원한다.

- 네덜란드인은 지난 수년간 자유시간에 대하여 매우 만족하고 있다(70%).

- 대다수는 자유시간에 휴식을 취한다(90%).

- 네덜란드인 대부분이 안정적인 삶을 원한다. 그러나 그들은 바쁜 삶을 살고 있다고 생각한다.

- 조사대상 그룹과의 인터뷰에서 여성들은 가사와 자녀 양육에 더 많은 책임을 진다고 생각하며, 자유시간을 할애하여 이러한 일들을 하는 것으로 밝혀졌다. 여성들은 긴장해소가 어렵다고 생각한다.

하찮은 일

어떤 사람들은 일상 리듬과 적은 근무 일수에 더 잘 어울릴 수 있는 탄력 근무제 이외에, 일에 대한 우리의 생각을 변화시키려고 한 걸음 더 나아갑니다. 빠른 커뮤니케이션 통로와 탄력성으로 많은 것이 변합니다. 그러나 모든 세상이 변화에 동참하지는 않습니다. 미국의 고고학자 데이비드 그라버는 직업을 갖는 것이 이 시대에 더 이상 어울리지 않는다고 생각합니다. 사람들이 무엇을 생산하려고 일을 한 적이 있었습니다. 그렇지만 지금은 적은 수의 사람만이 실제 유형의 물건을 생산합니다. 많은 사람은 그 물건을 직접 사용하지 않으면서 그 물건을 생산하는 일을 합니다. 게다가 그들은 전체 조직 중에서 자신이 어떤 작은 역할을 담당하고 있는지를 더 이상 이해하지 못합니다. 데이비드 그라버는 그것을 '하찮은 일'이라고 불렀습니다.

그라버는 'Occupy movement(점거 운동)'에서 큰 역할을 담당했던 운동가입니다. 그는 여러 연구 끝에 서양 노동자의 20%가 자기의 직업이 아무런 가치도 없다고 생각한다는 결론을 내렸습니다. 그렇게 중요하지 않은 사무직 직원이나 더는 필요하지 않은 사람들이 생겼지만, 그들을 해고할 수 없습니다. 이것은 말도 안 됩니다. 보스의 개인 비서처럼 일하며 이사회로부터는 무시당하는 사람들이 있습니다.(사람들이 이런 이야기를 쉬지 않고 계속합니다.)그리고 기업 내에서 그들의 역할은 사실상 없습니다. 그러나 체면을 위해 아직 버티고 있습니다. 또한, '이것이 지금 정확히 어떤 목적을 가져야 하지?'라고 생각하면서 무엇인가를 기획하거나 지휘하는 사람들도 마찬가지입니다.

> *그는 여러 연구 끝에 서양 노동자의 20%가 자기의 직업이 아무런 가치도 없다고 생각한다는 결론을 내렸습니다.*

경제학자들은 이미 오랫동안 기술적인 발전으로 사람들이 실제로 일을 계속 덜 하게 될 것이라고 예상합니다.

저명한 경제학자 존 메이너드 케인즈는 지난 세기에 1주에 몇 시간만 일하는 것을 예상했습니다. 그의 예상이 현실이 되지 않은 이유는 그가 인터넷, 컴퓨터 게임 그리고 비행기를 만드는 데 필요한 추가적인 일을 고려하지 않았기 때문입니다. 그라버는 '아니오'라고 말합니다. 그것들을 생산하는 데는 극히 일부 사람만 필요하기 때문입니다. 그것들이 실제로 설계된 후에는 기계들이 조립을 합니다. 모두 그렇게 빨리 완성됩니다. 그라버에 따르면, 진짜 문제는 많은 사람이 단순히 불필요한 일자리를 차지하고 있으나 그것을 없애려고 하지 않는다는 것입니다

그래서 사람들은 쓸모없다는 느낌을 주는 일자리를 가지고 있고 그 일은 생활비를 마련해줍니다. 더욱이 우리는 그런 일을 하는 사람들을 온종일 할 일이 있는 사람으로 간주하기 때문에 일은 사회적인 의미도 가지고 있습니다.

그라버는 '하찮은 일'을 5가지 유형으로 분류합니다.

- **하인형**: "시중드는 일은 다른 사람을 중요하게 보이게 하기 위하여 존재하는 일이다."
어디서 스키를 저렴하게 즐길 수 있는지 찾아보고 메일을 재전송해주는 일 외에는 할 일이 거의 없는 개인 비서가 한 예입니다. 이러한 직책이 존재하는 유일한 이유는 개인 비서를 가진 사람이 매우 중요한 인물이라는 것을 다른 사람들에게 보여주고 싶어 하기 때문입니다.

- **청부사형**: 그라버는 이런 유형을 설명하기 위해 다음과 같은 비유를 사용합니다.
"국가에 육군이 필요합니다. 다른 많은 나라에도 육군이 있기 때문입니다."
그는 텔레마케팅 종사자와 기업 변호사를 이런 유형의 예로 듭니다.

- **강력 접착테이프형**: "임시 땜질하는 사람(혹은 강력 접착 테이프형)은 조직이 삐걱거리거나 잘못된 점이 있기 때문에 그의 일이 존재하는 노동자다."
그라버는 이런 유형을 배관공을 빨리 불러들여 문제를 해결하는 대신에 물이 새는 곳에 양동이를 놓고 30분마다 비우게 하는 것에 비유했습니다.

- **조건충족형**: "나는 이 단어 '조건충족형'을 단지 일정한 조건을 충족시키는 일을 하고 있다고 주장하며 어떤 조직에 존재하는 사람들을 지칭할 때 사용한다."
그라버에 따르면, 정부 기관들이 이런 종류의 일자리를 제공하지만 기업도 마찬가지라고 합니다.

- **감독자형**: 다른 사람에게 임무만 부여하는 사람들입니다. 즉, '불필요한 감독 혹은 중간 경영층'입니다. 그라버는 은행에서 모든 것을 매우 조직적으로 처리하도록 임명된 사람을 이 유형으로 구분했습니다. 그러나 그 사람은 자기의 제안이 실행되는 것을 한 번도 실제로 보지 못합니다. 그의 제안이 모두 쓰레기통으로 사라지기 때문입니다. 예를 들어, 그는 비서를 해고하라는 제안을 합니다. 그러나 반대에 부딪힙니다.
그 비서는 다른 매니저의 자존심을 세우는 데 중요하기 때문입니다.

이런 '하찮은 일'이 그렇게 바람직하지는 않습니다. 그리고 많은 사람이 아마도 알고는 있을 것입니다. 불만을 가져오고 앞서 언급한 보어 아웃도 야기할 것입니다. 그라버는 기본 소득을 주장했습니다. 기본 소득은 실제로 모든 사람을 위한 노령연금과 같습니다. 매월 기본 생활을 유지할 수 있는 최소한의 금액이며, 이 기본 소득을 원하는 경우 계속 일하며 적립할 수 있습니다. 기본 소득은 백만장자이든 아니든 상관없이 모든 사람의 은행 계좌로 입금되는 몇백 유로 정도일 것입니다. 이것은 궁극적으로 빈곤을 타파하고 경제적 평등을 가져올 수 있을 것입니다.

미국의 고고학자 데이비드 그라버는 직업을 갖는 것이 이 시대에 더 이상 어울리지 않는다고 생각합니다. 사람들이 무엇을 생산하려고 일을 한 적은 있었습니다. 그렇지만, 지금은 적은 수의 사람만이 실제 유형의 물건을 생산합니다.

이것은 이미 오랫동안 사회에서 협상해온 정책적 제안이며 네덜란드에서도 자주 제기되는 문제입니다. 그러나 이것은 커다란 파급력을 지닌 정책이기 때문에 더 많은 연구가 요구되고 있습니다. 모든 제도가 변화되어야 하고 일에 대한 우리의 생각 역시 철저히 바뀌어야 합니다.

관심 끌기 전쟁

우리는 미래에 더 많은 자유시간을 얻을 것입니다. 그리고 그때 중요한 질문이 제기될 것입니다. '자유시간에 무엇을 할 것인가?'라는 질문입니다.

기업은 우리의 관심을 얻으려고 전쟁을 벌입니다. 우리의 많은 관심을 끄는 아주 뛰어난 기계들을 만듭니다. 일부 경제학자들에 따르면 우리는 '관심 끌기 전쟁' 속에서 살고 있습니다. 그 전쟁은 결국 판매를 위한 것입니다. 그리고 기업들은 판매하여 수십억 유로를 벌어들입니다. 미국의 행동과학자 니르 이얄은 최초로 핸드폰에 중독되게 하는 방법에 관하여 『훅(2014)』이라는 책을 썼습니다. 이 책은 우리 모두가 핸드폰을 붙들고 앉아 있는 것을 유감스럽게 생각하는 책이 아니라 '어떻게 사람들을 좀 더 핸드폰에 달라붙어 있게 할 수 있는가?'라는 질문에 관한 책입니다. "이익을 얻는 것에만 목표를 두지 말고 소비자의 신뢰를 얻어라." 그의 이 말은 호응을 얻었습니다. 그의 책은 베스트셀러가 되었고 많은 기업 종사자들이 그 책을 읽었습니다.

예를 들어, 기차 안에서 영화 <아이리쉬맨>을 보고 있으면 차장이 우리를 방해할 수 있습니다. 혹은 눈앞에서 프렌치 키스를 하는 사랑에 빠진 한 쌍이 방해합니다. 더러는 전혀 참을 수 없는 향수 냄새도 방해가 됩니다.

관심을 끌기 위한 싸움은 엔터테인먼트 산업도 바꾸었습니다. 사람들은 수많은 영화와 시리즈를 다양한 채널로 볼 수 있습니다. 미국의 영화 감독 마틴 스코세이지는 그의 마피아 영화 <아이리쉬맨>을 넷플릭스에 올렸습니다. 그는 팬들에게 영화를 핸드폰으로 감상하지 말라고 요청했습니다. 그러나 그런 일은 일어날 수 있습니다. 오스카 상을 받은 유명 감독의 최신 영화를 보기 위해 극장에 갈 필요가 없습니다. 스코세이지 감독은 팬들이 작은 핸드폰으로 보면 자신의 영화를 집중하며 제대로 감상하지 못할까 봐 염려했습니다. 이해할 만한 두려움입니다.

예를 들어, 기차 안에서 영화 <아이리쉬맨>을 보고 있으면 차장이 우리를 방해할 수 있습니다. 혹은 눈앞에서 프렌치 키스를 하는 사랑에 빠진 한 쌍이 방해합니다. 더러는 전혀 참을 수 없는 향수 냄새도 방해가 됩니다.

우리의 관심을 끌고 이를 붙잡아 두기 위하여 투자하는 기업들 때문에 우리는 한 가지에 집중하기 어렵습니다. 우리는 핸드폰으로 간단한 게임을 즐기면서 동시에 다른 드라마 시리즈 여러 편을 연속으로 본다고 인정하지 않을 수 없습니다.

다행히도 니르 이얄은 5년 후, 그러한 중독에서 벗어나는 방법에 관한 책 『정신 가다듬기: 관심을 통제하고 인생을 선택하려는 방법에 대하여(2019)』를 썼습니다.

그의 논리는 '내가 너를 어떻게 중독시켰는지 알고 있다. 그래서 나는 네가 다시 중독에서 벗어나는 방법을 알고 있다.'라는 생각에서 출발합니다. 그렇지만 그러한 중독에서 벗어나기는 어렵습니다. 예를 들면, 핸드폰은 우리 시간을 유용하게 하는 편리한 수단이기 때문입니다.

에피브레이런 (Epibreren)
- 상대방이 들어도 무슨 말인지 모르게 얼버무릴 때 사용하는 단어

시몬 카르미헬트는 1954년 스스로 만든 단어 '에피브레이런(Epibreren)'을 세상에 소개했습니다. 단어의 뜻은 전혀 없으며, 실제로는 아무것도 안 하면서 어떤 중요한 일이라도 하는 것처럼 주변 사람들에게 믿게 하고 싶을 때 사용할 수 있습니다. 카르미헬트는 한 공무원이 이 단어를 지어냈다고 윙크를 섞어 익살스럽게 말했습니다. 그들은 아주 많이 빈둥거리며 서류 더미를 한쪽으로 밀어내는 것으로 유명합니다. '에피브레이런'은 집에 좀 더 일찍 가서 아무 생각 없이 앞을 바라보며 가만히 있고 싶을 때 동료들에게 사용하기 적당한 단어입니다. 운이 좋으면 동료들은 처음 듣는 단어라서 당신이 무슨 말을 하는지 이해하지 못할 것입니다. 그러나 그들은 '중요한 회의록 작성을 잊기라도 했나?'라고 생각하고 걱정하면서 당신을 집으로 가게 할 것입니다.

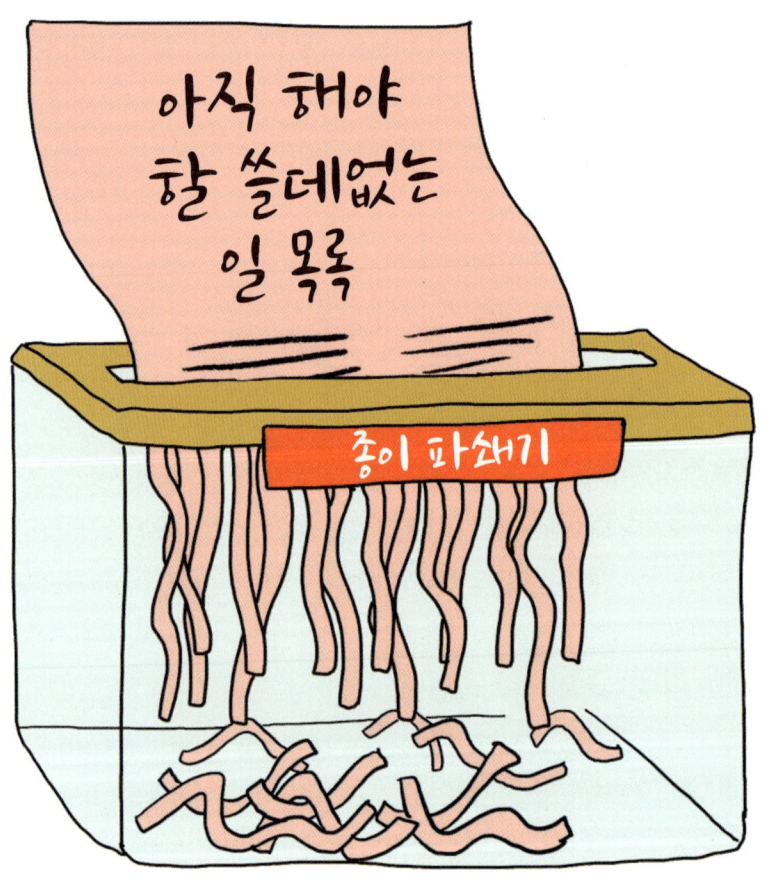

일터에서 아무것도 안 하기

당분간 일은 절실히 필요합니다. 우리는 대부분의 시간을 일하는 데 사용합니다. 그렇다고 해서 일터에서 아무것도 안 하기를 못 한다는 의미는 아닙니다. "일터에서 아무것도 안 하는 것을 어떻게 생각이나 할 수 있겠습니까? 그것은 전혀 가능하지 않습니다. 그곳에서는 온종일 열심히 일해야 하지 않습니까?" 라고 누군가 말한다면 그 사람은 잘못 생각하고 있습니다. 우리의 일터는 가끔 아무것도 안 할 수 있는 절묘한 장소입니다. 당신이 예약이 꽉 찬 심장 전문의이거나 미용사일지라도 혹은 운전대를 떠날 수 없는 버스 기사여도 마찬가지입니다.

8시간 계속 열심히 일하는 것은 거의 불가능합니다. 우리는 8시간 동안 계속 일터에 물리적으로 머물 수 있습니다. 하지만 매 시간마다 기발한 해결책을 연속으로 마련할 수 없고 훌륭한 이메일을 보낼 수도 없습니다. 일터에서 죄책감 없이 중간에 아무것도 안 하는 시간이 있을 것입니다. 오랫동안 앉아 있거나 뛰어다닌 후, 근육이 회복되어야 하므로 그럴 수 있다면 얼마나 좋겠습니까. 또한, 생각이 완전해지려면 시간을 가져야 합니다. 일터에서 아무것도 안 하는 데 작은 문제가 있습니다. 아무것도 안 하기를 정말 잘하려면, 시작하는 시간과 끝나는 시간을 미리 정해놓지 말아야 합니다. 아무것도 안 하는 것은 긴장하는 가운데 시간의 흐름을 인식하면 안 되는 것입니다. 그러면 아무것도 안 하기는 다시 일정 목록에 올라야 할 무엇이 되어버리기 때문입니다.

가장 실천 가능한 해결책은 화장실입니다. 그곳이 긴장을 완화하기에는 위생적인 환경을 갖추지 않은 점은 인정합니다. 하지만 우리 현실을 한번 직시해 볼까요? 우리는 하나를 희생해야 또다른 무엇을 얻을 수 있습니다.

일은 필수불가결합니다. 단순히 살기 위해서가 아니고 인간답게 살기 위해 필요합니다. 일시적으로 직장을 잃은 사람은 자기가 아무 데도 필요 없는 사람이라고 생각하며 상실감을 느낄 것입니다. 궁극적으로 돈을 받는 일이든 아니든 내가 필요한 사람이라는 것을 느끼고 싶어 합니다.

이상적인 세계, 이 시대의 노동 낙원에서는 일이 개인에 맞춰져 있습니다. 그래서 저녁형 사람은 오전 8시 30분에 출근 보고를 할 필요가 없고, 10시나 그 이후에 출근 보고를 하면 됩니다. 시험을 위해 언제 공부하고 리포트를 쓸 것인가를 학생에게 맡기는 것과 같습니다.

인생의 첫 22년 동안 수업을 받으며 배운 것을 스스로 증명한 후, 50년간 일정한 시간대에 열심히 실행하는 것은 사실 매우 부자연스러운 전환입니다. 우리는 왜 그것을 하루에 반나절씩 나누어서 하지 않을까요? 사람들은 보통 11시에서 13시 사이에 가장 적극적입니다. 여러 명과 혹은 두 사람 간의 모든 약속을 아침부터 13시까지 만드세요. 그래서 나머지 일을 자기 시간에 분산시키세요. 이것은 주로 사무직에 적용됩니다. 교대 근무를 해야 하는 사람들에게는 아무런 소용이 없기 때문입니다. 하지만 사무실 근무시간이 변하면 사고방식도 달라지며 마침내 우리의 목표를 달성합니다.

돌리 파튼은 이미 1980년대 '9 to 5 사고방식'을 삶을 가꾸는 놀라운 방법이라고 노래했습니다. 온종일 모니터를 보면서 의자에 달라붙어 앉아 회의하는 것은 부자연스러운 것입니다. 다행히 로봇이 등장했고 우리의 행동을 마침내 조절할 수 있게 되었습니다.

보스나 매니저 모두가 낮잠이 얼마나 중요한지를 이해하지 못합니다. 그들은 우리가 옷을 반쯤 걸쳐 입고 입가에 침 흘린 자국이 있는 상태로 출근하면 반가워하지 않을 것입니다.

우리의 일터는 가끔 아무것도 안 할 수 있는 절묘한 장소입니다. 당신이 예약이 꽉 찬 심장 전문의이거나 미용사일지라도 혹은 운전대를 떠날 수 없는 버스 기사여도 마찬가지입니다.

근무 여건이 자유 출근제와 탄력 근무제를 위해 아직 준비되지 않았다면, 우리는 노동자로서 창의적인 해결책을 찾아야 합니다. 우리는 전위 그룹으로서 나아가야 합니다. 우리는 이미 최소한 선구자, 반항자, 운동가 그룹에 속해 있습니다. 우리는 시대가 변하고 있음을 알고 있습니다. 아울러 우리는 너무 열심히 일을 하여 힘든 상황을 만나는 것은 더 이상 선택사항이 아니라는 것도 이해하는 사람들입니다. 반란자인 동시에 주인공이기도 합니다.

> 다른 사람과 아무것도 안 하는 것은 저에게 가장 좋은 것입니다. 잔디 위에 누워보는 것이죠. 과거에도 저는 똑같이 했습니다. 성인이 되었을 때 갑자기 모든 것에 유용성이 있어야 했습니다. 정말 구역질 나는 생각입니다.
>
> 톰 호프란트 (Tom Hofland)*
> 네덜란드 유망 문학 작가

해결하려고 시도하는 모든 일 때문에 머리가 폭발하려고 할 때, 우리는 가끔 탈출이 필요합니다.

> 돌리 파튼은 이미 1980년대 '9 to 5 사고방식'을 삶을 가꾸는 놀라운 방법이라고 노래했습니다. 하루 종일 모니터를 보면서 의자에 달라붙어 앉아 회의를 하는 것은 부자연스러운 것입니다.

가장 실천 가능한 해결책은 화장실입니다. 그곳이 긴장을 완화하기에는 위생적인 환경을 갖추지 않은 점은 인정합니다. 하지만 우리 현실을 한번 직시해 볼까요? 우리는 하나를 희생해야 또다른 무엇을 얻을 수 있습니다.

화장실에서 받는 도움, 그것은 어떻게 진행될까요? 당신은 교실 의자에 앉아 있는 사춘기 청소년처럼 푹 가라앉은 채로 앉아 있습니다. 그러면 학창 시절 프랑스어를 가르쳐준 핑어르후츠 선생님처럼 엄격한 보스가 여러분을 사무실 밖으로 내보낼 것입니다. 모자나 후드 티를 입고서 눈을 가릴 수 있으면 가장 좋습니다. 그렇게 잠시 꿈의 세계로 날아갈 수 있습니다. 저명한 지식인들이 사용한 오래된 방법 하나를 써볼 수 있습니다. 펜을 손으로 꽉 쥐고 있는 것입니다. 그러면 긴장이 완전히 풀리는 순간에 펜은 떨어질 것이고, 그때 그 소리가 여러분을 꿈에서 깨워줍니다. 그렇게 하면 몇 시간 동안 화장실 변기 위에 달라붙어 앉아 있는 여러분을 동료들이 찾아 나서는 것을 방지할 수 있습니다.

'다른 사람들이 어떻게 생각할까?'를 두려워한다면, 첫째, 무조건 그러한 걱정을 즉시 중단해야 합니다. 그리고 둘째, 우리가 약간 힘든 표정으로 그들을 쳐다봅니다. 그러면 아무도 계속 묻지 않을 것입니다. 대부분의 사람들은 당신이 화장실에서 26분 동안 무슨 일을 하는지 전혀 알고 싶어 하지 않습니다.

또한, 일터에서 자리를 비우는 것도 아무것도

126 아무것도 안 하기와 바깥세상

안 하는 것입니다. 그럴 때 누구든지 흥분해서 근무시간을 낭비해 버린 것에 대해 화를 내며 말할 수는 있습니다.

"그래도, 이건 아니야. 내가 학교 선생님인데 학생 60명을 그냥 내버려 둘 수는 없어. 아이들이 순식간에 순간접착제 두 개로 손을 붙일 거야. 나는 정말 없어서는 안 될 사람이야." 이렇게 생각하는 사람은 모두 번아웃 증상을 가지고 있습니다. 그리고 바로 노동 불가 판정을 받을 수 있습니다. 그런 사람은 누구나 필요로 하지 않습니다. 그럼에도 불구하고 그런 사람이 일을 계속 한다면 모든 것이 무너질 수 있습니다.

세상의 모든 시스템은 비내력벽으로 이루어져 있습니다. 그리고 내가 내력벽이라고 생각하는 순간 곧바로 잠시 뒤로 물러서야 합니다. 다시 올바른 시각을 갖기 위함입니다.

잠시 '너 자신을 위대하게 만들라'라는 말을 기억하세요. 먼저 자기를, 그다음에 다른 사람을 생각하세요. 그리고 의무적으로 일터에 있어야 하는 순간에 할 수 있는 또 다른 것은, 일을 마친 후에는 정말로 더 이상 아무 일도 하지 않도록 준비하는 것입니다. 저녁에 아무것도 안 하는 시간에는 미래의 스트레스가 싹트지 않도록 이메일에 답장을 하지 마세요.

미래

네덜란드 『NRC』 신문 기자 와우터 판 노오르트는 우리 삶에서 핸드폰의 역할에 관한 책 『거기 누구 계십니까?』를 썼습니다. 기술적인 발전은 짧은 기간에 우리에게 많은 편리한 앱과 더 많은 자유로운 시간을 얻는 방법을 제공했습니다. 그러나 우리는 그렇게 하는 대신에 핸드폰을 바라보는 데 더 많은 시간을 사용합니다. 3시간 동안 목적 없이 핸드폰을 바라보는 것은 아무것도 안 하는 것이라고 말할 수 없습니다. 우리가 핸드폰에 그렇게 많은 시간을 소비하는 것이 어떻게 가능할 수 있을까요? "기술적 진보가 가져다주는 매출은 커다란 테크노기업 혹은 사회에 떨어진다." 라고 와우터는 설명합니다. "그 기업들은 소비자의 관심을 뺏는 경제 활동을 하며 여기에서 데이터는 원료다.

우리는 스스로 데이터를 생산한다. 우리가 대거 구글과 페이스북을 위해 일하기 때문이다. 우리가 입력하는 모든 검색어는 그 기업들을 위해 데이터를 생산하고 있으며, 테크노기업들이 고안한 방법으로 우리는 사실상 무급으로 일한다. 우리는 핸드폰에 중독되었다. 부분적으로 테크노기업을 위해 그러한 데이터를 생산하기 때문이다. 경제학자 글렌 웨일은 데이터 노조를 통해 연합할 것을 호소하고 있다. 이미 우리의 모습인 데이터 노동자로서 돈을 지급 받기 위해서다. 우리는 '우리가 삶을 편리하게, 빨리 그리고 잘 돌아가게 만들었다.'라고 생각한다. 그러나 사실 우리는 커다란 테크노기업을 위해 열심히 일하고 있다."

온라인 데이터 이용은 무료인 것처럼 보입니다. 소비자에게 돈이 들지 않기 때문이고 그로 인한 '불편'이 없기 때문입니다. 우리는 사실을 제대로 파악하지 못하고 있습니다. 핸드폰으로 언제나 어디서나 간단한 메일을 보낼 수 있습니다. 핸드폰에는 게임과 새로운 앱 그리고 매일 몇 시간을 소비할 수 있는 소셜 미디어 앱이 설치되어 있습니다.

"기술이 우리에게 더 많은 시간을 가져다 줄 것이라는 생각은 전혀 사실이 아닌 것으로 밝혀졌다. 우리는 대부분의 시간을 기업들을 위해 데이터를 생산하는 데 쓰고 있기 때문이다. 우리는 그러한 일을 하지만 한 푼도 지급 받지 못한다."

따라서 하루 2시간 인스타그램을 하고 있으면, 사실 우리는 인스타그램으로부터 돈을 받아야 합니다. 그들이 우리의 행동을 근거로 모든 종류의 광고를 판매할 수 있기 때문입니다.

"글렌 웨일에 따르면 구글사의 평직원은 우리가 일을 해주는 덕택으로 매월 수천 달러를 번다."라고 와우터는 설명합니다.

한 예로, 몇 년 전 포켓몬 고 게임이 시장에 나왔습니다. 모든 사람이 기뻤습니다. 어린 시절의 기억을 떠올리며 그 게임의 가상현실 속에서 전 세계로 퍼진 포켓몬을 잡기 위해 거리로 나갔습니다. 사람들이 다시 거리로 나갑니다. 서로 만나며 데이터를 생산합니다. 컴퓨터 게임 하나가 이루어 내기에는 놀라운 성과입니다.

유로 마스터 타워에서 희귀한 포켓몬을 찾을 수 있었으며 그곳에서 짧게 지속된 열정적으로 사랑한 일생일대의 연인을 만났습니다. 나중에 구글이 그 앱의 배후에 있었고, 기업들이 자기 가게로 소비자들을 유도하도록 구글에 돈을 지불한 것으로 밝혀졌습니다. 따라서 우리는 모두 함께 더러는 몇몇 사람들끼리 게임을 즐기면서 잠시 긴장을 풀 수 있을 것이라고 생각했습니다. 그렇지만 우리는 감쪽같이 속았습니다.

"글렌 웨일에 따르면 구글사의 평직원은 우리가 일을 해주는 덕택으로 매월 수천 달러를 번다."라고 와우터는 설명합니다. 우리는 자신도 모르게 무급으로 일합니다. 그것은 아무것도 안 하는 것과 가장 반대되는 행동입니다. "물론 우리는 아무것도 안 하는 시간을 사용한다. 우리 뇌에는 두 가지 상태가 있다. 하나는 집중하는 상태, 다른 하나는 아무것도 안 하는 상태가 있다. 그리고 우리가 계속 주의를 빼앗김으로써 두 상태는 균형을 찾지 못한다. 데이터 산업은 우리의 관심을 원료로 사용하고 우리가 강도 높게 집중을 못 하게 할 뿐만 아니라 아무것도 안 하는 것도 못하게 한다. 그것은 관심과 관련하여 독이 들어 있는 칵테일이다. 수십억 유로의 매출을 올리는 경제 구조가 탄생하였는데, 이러한 경제 구조는 우리의 관심을 빼앗고 우리가 더 이상 집중을 못 하게 하는 것을 주된 목표로 삼는다. 그리고 우리는 동시에 데이터 경제 구조 때문에 더 많이 일해야 한다. 예를 들어, 아마존 같은 기업은 많은 소포를 발송한다. 그리고 우리는 부지런히 이웃집 소포를 받는다. 이때 우리는 실제로 아마존 일을 대신하고 있다. 그러한 기업들은 잠시 틈을 내어 서비스해줄 사람들에게 아웃소싱한다."

관심을 끌어들이는 경제가 붐이 일고 있습니다. 기업들은 그 관심을 얻기 위해 모든 것을 시도합니다. 그들은 심지어 도박장 기계에 이용된 방법까지 사용합니다. "사람을 중독시키는 메커니즘은 이미 매스 미디어가 등장했을 때부터 존재했다. 잘생긴 얼굴을 이용하여 관심을 얻고 일정한 시간에 신문을 집으로 배달하거나 프로그램을 송출하여 우리의 습관을 형성시키는 데 목적을 둔다.

그러한 메커니즘은 이미 수백 년 동안 우리 주변에 있었다. 단지 디지털 시대에는 그러한 기술이 완벽해졌고 어느 때보다 주문형으로 발전할 수 있게 되었다. 우리가 개인정보 차단 장치를 설치하지 않는 한,

기업들은 우리가 누구인지 대부분 알 수 있다. 그렇다면 기업들이 우리의 정신적인 어두운 면까지 알고 있고 그것을 목표로 삼고 있다는 것은 매우 충격적이다."

수십억 유로의 매출을 올리는 경제 구조가 탄생하였는데, 이러한 경제 구조는 우리의 관심을 빼앗고 우리가 더 이상 집중을 못 하게 하는 것을 주된 목표로 삼는다.

로봇은 어떨까요? 그들은 얼마 지나지 않아 우리의 일을 이어받을 것입니다. 그래서 우리가 더 이상 일 할 필요가 전혀 없을까요? 그리고 우리는 아무것도 안 하고 있을 수 있을까요?

"사람들은 그들이 새로운 기술로 얼마나 행복한지를 과대평가한다."
와우터는 그렇게 우리를 꿈에서 깨어나게 합니다.
"테크노기업은 원활함을 극도로 추구한다. '원활함'은 마술을 부리는 단어다. 예를 들어, 간편한 지불 방법이 있다. 가게로 걸어 들어가면 얼굴 인식 시스템에 의해 구입한 물건값이 자동으로 계좌에서 빠져 나간다. 모든 것을 간편하게 만드는 노력을 계속하여 그러한 유토피아를 신장시킨다면, 우리는 원하지 않는 것을 얻게 될 것이다. 로봇에 관한 만화영화 'Wall-E'를 보면 우주선 안에 있는 인간의 영상이 담긴 장면이 있다.

사람들은 빨대를 통해 목구멍으로 쉽게 넘어가는 밀크쉐이크를 들고 자동화된 장바구니 카트를 타고 돌아다닌다. 그들은 온종일 아무것도 할 필요가 없다. 그들은 개인에 맞춰진 엔터테인먼트 시스템을 받으며 온종일 아무것도 안 하면서 지낸다. 불편은 사라졌고 빈둥거리며 노는 것이 극대화되었다. 그러나 그들은 그것으로 행복하지 않다. '마찰이 없으면 광택도 없다.'라는 속담을 기억해보자. 인간은 언제나 가진 것과는 다른 새로운 것을 원한다. 그리고 지금 우리는 매우 빠르고 효율적이고 혁신적인 삶을 영위하고 있기 때문에 어느 정도 단순했던 삶으로 돌아가려고 한다."

빈둥거림에 대한 타국의 이해

네덜란드에서 일은 언제나 매우 중요한 것으로 인식되었습니다. 일은 심지어 한 사람의 정체성을 형성할 수도 있습니다. 생일날에 초대된 사람들은 서로 "무슨 일을 합니까?"라고 묻기도 합니다. 모든 문화에서 사람들은 긴장을 완화하는 가장 이상적인 방법을 찾고 있습니다. 실제로 아무도 우리가 이 지구상에서 함께 존재하는 이유를 정확히 모르고 있기 때문입니다.

지구가 이미 45억 년 존재하고 있고, 사람들이 그곳에서 몇백만 년간 살고 있다는 사실은 아주 흥미롭습니다. 그런데 지금 그런 생각이 무슨 쓸모가 있을까요? 지구라는 고령의 어머니에게 우리는 너무나 젊은 마지막 파트너일까요? 반면에 인간을 포함한 지구의 전체 구성원은 '세상에, 저 젊은 녀석이 어머니 등골을 완전히 빼먹고 우리는 유산을 하나도 상속받지 못하는 것 아니야?'라고 생각할 것입니다. 그런 파트너는 코카인에 중독되어 있거나 경계선 인격 장애를 가지고 있을 것이라고 최소한 생각할 것 같습니다. 이것은 존재한다는 사실이 거의 명예롭지 않은 것으로 여겨지게 합니다.

그렇다면, 우리가 하고 있는 모든 것이 무엇에 좋을까요? 사람들은 인생의 마지막 순간에 결국 말할 것입니다. "그래, 쓰러질 때까지 너무 열심히 일하는 것은 내 자신의 모습이 아니었어." '일을 함으로써 최선의 것을 이루어야만 한다.'라는 생각에 동감합니다. 그것은 우리가 주변을 위해 어느 정도 친절하고, 누구에게도 해를 끼치지 않고, 무엇보다도 많은 사랑을 주고 받아야 한다는 뜻입니다. 행복하기 위함입니다! 행복은 우리 사회의 가장 큰 화제입니다. 행복은 간단한 일이 아닙니다. 일상생활에서 자기의 행복을 위해 노력하는 다른 사람들이 우리를 방해할 수 있기 때문에 서둘지 말고, 스트레스를 받지 말고 예민하지 말아야 합니다.

우리가 매일 어느 한순간도 매우 행복하지 못하다는 생각을 잊을 수 있기 위함입니다. 그래서 모든 나라는 행복해질 수 있는 그들만의 고유한 방법을 찾았습니다. 네덜란드에서는 '아무것도 안 하기'가 그 방법이 될 수 있습니다. 우리가 다른 나라에서도 배울 수 있을까요? 프랑스 사람들은 '레세페르(자유방임주의)'라는 말을 자주 사용합니다. 이 말은 '마음대로 하게 내버려 두다.'라는 의미입니다. 이것은 경제

에서 이용되는 개념이기도 하며 시장을 자유롭게 내버려 둔다는 뜻이기도 합니다.

휴가를 떠나는 보통 사람들에게는 모든 것을 저절로 지나가게 내버려 둔다는 의미로 해석될 수 있습니다.

상당히 무관심하게 들립니다. 가령, 이웃 사람들이 말다툼을 벌이면 그들 스스로 해결책을 찾게 내버려두겠다. 나는 관여하지 않고 『파리 매치』 주간지를 읽고 마들렌을 먹으며 무심하게 앉아만 있겠다는 마음 자세입니다. 하지만 염려 마세요. 이것은 속담같은 표현일 따름이지 진짜 '사는 방식'은 아닙니다.

그들은 아침 식사를 한 후 점심을 먹고 그 다음에는 저녁을 먹으면서 매 끼니마다 즐기며 살고 있습니다.

이탈리아에는 '일 돌체 파르니엔테(아무것도 하지 않는 것의 달콤함)'라는 표현이 있습니다. 그것은 사실상 네덜란드의 '아무것도 안 하기'와 정확히 같습니다. 지중해의 태양은 열기만 가져다주는 것이 아니고 지혜도 가져다줍니다.

모든 유럽 민족 중에서 이탈리아 민족이 인생을 가장 잘 즐기기 때문입니다. 이탈리아 정부에 문제가 있고 조직범죄와 싸우고 있는 것은 인정합니다. 사실이 그렇습니다. 그렇지만 아무것도 안 하는 것은 이탈리아에서 매우 중요한 것으로 인정받습니다. 이탈리아의 작가 쥬세페 간디니는 그의 책과 똑같은 제목의 영화 <먹고 기도하고 사랑하라>에서 미장원 손님 역으로 직접 출연하여 과도하게 긴장한 미국 여인 역할을 맡은 줄리아 로버트에게 말합니다.

"당신은 미국인이라서 자책감을 느낄겁니다. 당신은 즐길 줄을 몰라요. 당신네 미국인들은 일을 너무 열심히 한 나머지 번아웃을 얻을 거예요. 그리고 집에 와서 주말 내내 파자마만 입고 텔레비전 앞에 앉아 있지요. 그래서 당신들은 즐길 줄을 몰라요. 당신들도 즐길 자격이 있어요. 이탈리아 사람은 그것을 당신에게 굳이 설명할 필요가 없어요."

어리석게도 우리는 이미 수십년간 주80시간을 일하며 성공한 미국인들을 본보기로 삼았습니다. 우리는 우리에게 '일 돌체 파르 니엔테'를 가르쳐 준 이탈리아 영화를 더 많이 봤어야 합니다.

또는, 이탈리아가 배경인 <콜 미 바이 유어 네임>과 같은 미국 영화를 봤어야 합니다. 영화는 몇 달간 지속될 것 같은 여름이 배경이며 온종일 기분 좋게 아무것도 안 하는 내용을 담고 있습니다. 그들은 아침 식사를 한 후 점심을 먹고 그다음에는 저녁을 먹으면서 매 끼니마다 즐기며 살고 있습니다.

빈둥거리며 사는 사람들에 관한 영화들

1. 위대한 레보프스키(1998)
이 영화는 당연히 놓칠 수 없는 영화입니다. '듀드'는 슈퍼마켓에서 우유 팩 몇 개를 사서 들고 볼링장으로 힘들게 걸어갑니다. 그는 걸인이며 돌을 치우기 보다는 차라리 돌이 되어 서 있기를 원하는 사람입니다.
사람들이 그를 '레보프스키'라는 백만장자로 착각할 때,
그는 어린이 유괴 사건(그리고 사라진 카펫)에 연루됩니다.
아무것도 안 하는 것을 예술로 승화시킨 '듀드'에 관한 멋진 영화입니다.

2. 오피스 스페이스(1999)
과도하게 일을 하는 '피터'는 직장의 모든 이상한 규칙 때문에 완전히 미치려고 합니다. 그래서 그는 해고될 때까지 게으름을 피우기로 마음먹습니다.
그러나 그것은 역효과를 가져옵니다. 그가 '고위 매니지먼트'로 승진했기 때문입니다. 이 영화는 '하찮은 일'이 어떤 것인지를 완벽하게 보여줍니다.

3. 안모더르파커(아무것도 안 하는 녀석, 2014)
졸업도 못 하는 평생 학생 신분인 테이스는 주로 빈둥거리며 놀기만 하고 책임을 잘 피하면서 지냅니다. 그는 큰 미디어 회사에서 아주 단순한 일자리를 얻게 됩니다. 그는 '모든 것을 잘 준비하는' 여동생 집에서 단순하고 힘든 빨래를 하다가, 아주 매력적인 베이비시터를 운명적으로 만납니다.

인생의 마지막 순간에 사람들은 결국 말할 것입니다. "그래, 쓰러질 때까지 너무 열심히 일만 한 것은 진정한 내 자신이 아니었어."

스페인 사람들은 시에스타를 즐기므로 아무것도 안 하기에 관한 한 챔피언입니다. 유럽 연합이 스페인의 경제 문제로 시에스타를 중단하기 원했다는 것은 슬픈 소식입니다. 스페인 사람들이 시에스타를 낮잠을 자기 위해 이용하지 않고, 약간 아무것도 안 하는 데 사용하는 것으로 밝혀졌기 때문에 더욱 더 슬프기도 합니다. 그래서 그들은 시에스타 없이 오후 일과를 시작해야 했고 마침내 국가적인 수면 부족 현상을 가져왔습니다. 이제 네덜란드도 계속 더워지고 있고 머지않아 아무것도 안 하는 것이 일반화되면, 시에스타에 대한 토론이 무르익을 시간이 올 것입니다. 모든 사람이 풍성한 식사를 한 후, 곧바로 의무적으로 잠자게 하지는 않더라도 선택은 할 수 있게 해야 합니다. 하루 음식 섭취량의 대부분을 저녁 식사 때 먹는 것은 좋지 않다고 증명되었습니다. 점심에 더 많이 먹고 저녁은 가볍게 먹는 것이 더 좋습니다.

스칸디나비아인들은 지난 몇 년간 그들의 라이프 스타일을 세계에 알렸습니다. 그것은 '리께 (간단하게 행복한)', '히게(편안한)', 그리고 '라곰 (현재 가진 것에 만족하는)'입니다. 모두 다 멋진 말이지만, '아무것도 하지 않다'라는 뜻이 많이 담겨있지는 않습니다. 아무것도 안 하기는 어떤 목적도 없어야 한다는 점을 유념하세요. 알두스 헉슬리는 그의 책 『섬』에, 섬 주위를 날아 다니며, "여기 그리고 지금!"을 외치라고 훈련받은 새들에 관한 이야기를 썼습니다. 현재 있는 곳에서 지금 이 순간을 위해 살아야 한다고 독자에게 작가는 말합니다. 왜냐하면, 사람들은 어느 순간 다시 일터에 쌓인 일을 생각하거나, 정육점 주인의 냉소적인 말이 떠올라 기분이 언짢아지기 때문입니다. 그렇지 않으면 케이크 만들기 경연대회 텔레비전 프로그램 <헤일 홀란드 박트>를 보면서 결과를 긴장하며 기다리기 때문입니다.

아무것도 안 하기와 유사한 스칸디나비아의 유일한 관습은 핀란드인들의 소파에 앉아 술 마시기입니다. 나체 상태로 소파에서 맥주를 마시거나 다른 술을 마시는 것입니다. 이 문화가 아무것도 안 하기와 가장 비슷합니다. 술은 아무것도 안 하기에 꼭 필요하지는 않습니다. 옷도 입고 있을 수 있습니다. 필요하지는 않지만, 입어도 됩니다. 나체 상태가 언제나 좋은 것은 아닙니다.

다음은 영국입니다. 귀족적 나태함은 영국에서 나왔습니다. 나태함은 게으름으로 번역할 수 없습니다. 게으름보다 더 많은 뜻이 있습니다. 나태함에는 존재의 의미 없음에 대한 인식이 포함되어 있습니다. 인생이 의미 없다고 생각하면서 귀족처럼 쉽게 살아가는 것입니다. 그러려면 시간도 많이 필요하고 돈도 있어야 합니다.

그러나 대부분의 사람들은 빈둥거릴 수가 없습니다. 인생을 단순하게 즐길 수 없습니다. 사람들은 주택 융자금과 같은 돈에 대한 걱정을 하기 때문입니다. 오직 귀족 사회만 아무것도 안 하는 것을 할 수 있고 미친 듯이 시간을 낭비하는 방법을 생각해낼 수 있습니다.

아무것도 안 하기와 관련 있는 스칸디나비아의 유일한 관습은 핀란드인들의 소파에 앉아 술 마시기입니다. 나체 상태로 소파에서 맥주를 마시거나 다른 술을 마시는 것입니다.

일본의 산림욕

138　아무것도 안 하기와 바깥세상

우리는 잠깐 몇 나라를 건너뛰고 일본으로 가보겠습니다. 일본인들은 놀면서 쉬는 다양한 방법을 알고 있습니다. 그중 하나는 '신린요쿠(산림욕)'입니다. 자연 속에서, 숲을 즐기며 그 속에 파묻히는 것입니다. 말 그대로 목욕을 하는 것은 아닙니다.

어떻게 산속에서 목욕물을 적당한 온도에 맞추겠습니까. 숲속을 산책하고 상징적인 의미로 목욕을 하는 것입니다. 사람들이 자연 속을 돌아다니면서 오각, 즉 시각, 후각, 청각, 촉각 그리고 미각을 사용하는 것이 중요합니다. 그것을 통해 잠을 잘 자고 스트레스는 덜해지고 면역체계도 좋아집니다. 도시인들은 자연이 존재한다는 사실과 자연 속에서 가끔 산책하는 것이 건강에 좋다는 사실을 잊은 채 살고 있습니다.

일본은 하나의 선물입니다. 그곳에서 '초오아(조화를 이루는 삶에 대한 철학)'가 나왔습니다. 일본을 다녀온 사람은 어디든 지독히 조용하다는 것을 알 것입니다. 동경의 거리는 분주합니다. 그렇지만 그곳에서는 6m 멀리 떨어져 있는 사람의 기침 소리를 들을 수 있습니다. 일본인들은 기차를 타기 위해 가지런히 줄을 서서 안으로 들어갈 때까지 기다립니다.

네덜란드에서 항상 듣는 고함과 분주함과는 너무나 다릅니다. 좋은 예 하나는 일본인들은 축구 경기를 관람한 후, 그들이 남긴 쓰레기를 정리하는 것입니다. 그런 일이 뉴스거리가 될 때마다 네덜란드 사람들은 특이하게 생각합니다. 뭐라고요? 그들이 비닐봉지를 들고 자기가 남긴 쓰레기를 줍는다고요?! 거기에 무슨 일이 일어난 것일까요? 그것이 '초오아(조화)'입니다. 청소는 일상생활에 조화를 이루기 위해 중요합니다. 재활용은 조화를 뜻하기도 합니다. 고맙게 사용한 물건의 새로운 목적지를 찾아주는 것입니다. 그 목적지는 집 안뿐만 아니라 밖에도 있습니다.

네덜란드 어린이 뉴스 <유흐트주르날>의 보도 하나가 아주 인상적이어서 인용하겠습니다. "일본 국가대표 축구팀 선수들의 아름다운 행동을 소개하겠습니다. 선수들은 어제 경기 마지막 순간에 벨기에에 3-2로 패배했습니다.

그들은 실망했지만 모든 것을 깨끗하게 정리하기로 했습니다." 그들은 경기에서 졌다는 사실에도 불구하고 쓰레기를 치웠습니다. 네덜란드인들은 그런 것을 모릅니다. 네덜란드가 축구 경기에서 졌다면 그런 일은 절대 일어나지 않습니다. 화가 난 축구팬들이 물건을 가리지 않고 발로 차서 박살을 내지 않는다면 우리는 기뻐해야 합니다.

일본은 하나의 선물입니다. 그곳에서 '초오아(조화를 이루는 삶에 대한 철학)'가 나왔기 때문입니다.

또한, 일본인들은 삶 속에서 조화를 찾는 방법, 즉 '이키가이(삶의 보람)'를 찾는 방법을 도식적 표현을 통해 우리에게 알려줍니다. 4개의 핵심 원이 교차하는 지점에 '이키가이'가 있습니다.

그 4개의 원은
'우리가 좋아하는 것이 무엇인가?'
'우리가 잘하는 것이 무엇인가?'
'우리가 세상에서 필요한 것이 무엇인가?'
그리고 '우리가 돈을 받을 수 있는 것이 무엇인가?'
라는 질문을 담고 있습니다.

질문에 대한 답으로, 당연히 섹스를 먼저 생각할 것입니다. 물론, 섹스를 이용하여 돈을 벌 수 있습니다. 그러나 섹스를 제공하고 돈을 받고 싶습니까? 아닐 것입니다.
'이키가이'는 우리 삶에서 의미를 찾아가는 것입니다. 그것은 삶의 의욕이 마르지 않게 솟아나는 샘물과 같은 것입니다. 계속 솟아 나와서 은퇴하고 싶지 않을 정도입니다. 일본인의 평균 수명은 계속 늘어갑니다. 이러한 철학이 효과가 있기 때문입니다. 또한, 그것은 행복을 구하고 찾는 것과 관련 있습니다. 물론 매우 아름다운 추구입니다. 하지만 여기에서도 우리는 삶의 의미를 반드시 찾아야 한다고 또다시 말합니다. 우리가 마침내 정말 있어야 할 곳에 자리를 잡고 편안하게 우리의 감정을 느끼게 될 때, 잠시 불편하게 느껴지는 순간들이 다시 찾아옵니다. 다른 말로 하자면, 그 평안한 상태에서 만족하며 자신을 내려놓기가 어렵습니다.

휴식을 원하는 사람은 일본으로 이민을 떠나도 됩니다. 일본은 많은 것을 가졌습니다. 휴식, 꽃을 피우는 경제, 예술, 디자인, 헨타이, 숲속에서 완전히 조화를 이루며 산책하기, '이키가이', '와사비', '스시' 그리고 엄청 높은 평균 수명 등등. 맞습니다. 우리는 많은 것을 일본인에게서 배울 수도 있습니다. (추천 도서:

'우키요' 일본어

UKIYO
[u-key-yo] · JAPANS ·

일상생활에서 근심, 걱정 없는 순간의 삶

'에린 니이미 롱후르스트'의 『일본 방식』) 이 장의 내용은 그 책에 실려 있습니다. 하지만 그 나라로 이민을 가더라도 그곳의 문화를 단순히 복사하여 접목할 수는 없습니다.

    일본에 이민을 가면, 일본인들이 그들의 감정을 말로 표현하지 않는다는 것을 알게 될 것입니다. 우리가 잘 모르는 법을 한 번이라도 위반한다면, 그들은 전혀 호의적이지 않을 것입니다. 우리는 그것을 타국으로 이민을 떠나는 네덜란드인에 관한 텔레비전 프로그램 <익 페르트렉(나는 떠난다)>을 통해 알 수 있습니다. 더욱이 사람들은 이민을 떠날 때 자기라는 존재를 데려갑니다. 삶에 '샤쿤카(새로운 관습 배우기)'를 적용하는 편이 낫습니다.

> *하지만 그 나라로 이민을 가더라도 그곳의 문화를 단순히 복사하여 접목할 수는 없습니다. 일본에 이민을 가면, 일본인들이 그들의 감정을 말로 표현하지 않는다는 것을 알게 될 것입니다.*

    우리는 이 장에 불교의 가르침을 모두 다 가져올 수 있을 것입니다.
    불교에는 아무것도 안 하는 이유가 가득하기 때문입니다. 또한, 그 안에는 우리의 괴로움을 내보내야 하는 이유도 충분히 있습니다.

    한국에서 전해진 좋은 가르침 하나는 '모른다는 마음'입니다. 여기에 대하여 선(禪)의 대가인 숭산 스님이 책을 썼습니다. 우리는 숭산 스님을 '마음 챙김'의 마스터 존 카밧진을 통해 알고 있으며 그는 숭산 스님의 문하생입니다. '모른다는 마음'은 우리가 알고 있는 모든 것을 버리고 주변 환경, 사람들이 하는 말, 그리고 우리 자신을 인식하지 않는 것입니다. 그렇지만 내가 우주와 일체임을 인식하는 것입니다. 그것은 몹시 어려우며 한 단계 높은 차원입니다. 훈련받지 않은 영혼은 도달할 수 없습니다. 그렇지만 숭산 스님은 흥미로운 고찰을 하였습니다. "생각은 갈망이고 갈망은 고난이다."라는 그의 가르침을 예로 들 수 있습니다. 그는 심지어 데카르트의 유명한 명언 "나는 생각한다. 고로 나는 존재한다."를 반박했습니다. 생각하지 않는다고 가정해보세요. '생각하지 않는다면 존재하지 않는 것일까?'라는 질문이 나오기 때문입니다. 그는 생각을 감옥이라고 했습니다.

"우리의 생각, 주변, 그리고 우리의 상황을 사라지게 하면 어려운 상황은 견딜 만하다. 소리도 참을 만하다. 정신은 옮겨가지 않는다. 따라서 우리가 무엇을 하고자 하면 반드시 해야 한다. 그 무엇을 끊어내는 것이 선(禪)이다.

참선 불교 안으로 깊이 들어갈 마음이 부족하고 시간이 적으면 '모른다'라는 생각으로부터 많은 것을 얻을 수 있습니다. '모르겠다.' 혹은 '모른다고 생각한다'라고 생각해보세요. 예를 들어, 기차 안에서 건너편에 앉아 있는 어떤 사람이 진한 향을 가진 헤어스프레이와 매니큐어로 아주 진한 화장을 하고 있는 중이라면, 우리는 불쾌해하며 '지랄, 집에 가서 하지.'라고 생각할 것입니다. 그러한 생각은 당연하지만 완전히 선(禪)을 통해 나오는 반응이 아닙니다. 비선적(非禪的)입니다!

우리는 다르게 생각해볼 수 있습니다. '모르겠다. 이 사람이 일생일대의 면접을 보러 가는가 보다. 자기의 미래가 거기에 달려 있겠지. 현재 살고 있는 집에는 16명이 함께 살 거야. 안내 쪽지로 미리 사용하겠다고 알렸음에도 목욕탕을 다른 사람이 먼저 사용했겠지. 그래서 그녀는 면접에 늦을까 초조한 나머지 패닉에 빠졌을 거야.' 이렇게 생각하면 '아무것도 안 하기'에 어떻게 도움이 될까요? '모른다'라고 생각하면 괴로움의 상당한 부분을 창밖으로 던져버릴 수 있습니다. 그럼 기차 안에서 차분히 앉아 있을 수 있고 앞을 아무 생각 없이 응시할 수 있습니다.

사람들은 이 세상에 살면서 인생을 더 즐기기 위해 노력하고 있습니다. 그리고 우리는 세상에서 배울 수 있습니다. 어느 나라도 완전히 빈둥거리는 사람들만 살고 있지는 않습니다. 빈둥거리고만 살기에는 인생에서 무엇인가를 이루어야 한다는 압박이 너무 큽니다. 하지만 인생의 아름다운 면을 더욱 즐길 방법은 언제나 어디서든지 떠오릅니다.

"나는 15살이 되어 배움에 전념했고, 나이 서른에 자리를 잡았다. 마흔에 더는 의심하지 않았고, 오십이 되어 하늘의 명령을 이해했다. 예순이 되어 귀는 유순해졌고, 일흔이 되어서는 무리하지 않으며 마음이 원하는 대로 따라갔다." 이 말은 그저 기차 안에서 들을 수 있는 말이 아닙니다. 2,500년 전에 살았던 공자의 말입니다.

창의성

지난 몇 년간 인생을 제대로 즐기는 것에 대한 관심이 계속 증가했습니다. 심지어 행운 산업도 등장했습니다. 그리고 이 산업은 또다시 달성해야 하는 목표에 주안점을 두고 있습니다.

그것은 정확히 우리의 문제입니다. 또다시 무엇인가를 성취해야 합니다. 우리의 뇌를 더 영리하게 이용해야 하고 더 나아져야 하며 더 빨라야 합니다. 그리고 더 행복해야 합니다.

'최고의 인생을 살아라!'는 멋진 구호입니다. 그렇지만 상당한 압박을 가져다줍니다. 그리고 '위대하고 신나는 인생을 살아라!'라는 느낌이 들게 합니다.

미국 드라마 <프렌즈>의 모든 방송분을 소파에 푹 가라앉아서 세 번째 다시 보고 있다면, 약간의 죄책감을 느낄 것입니다.

인생에서 모든 것을 다 얻어내지 못하고 있기 때문입니다. 우리는 지금 중세 사람들이 배고픔이나 그들을 위협하던 페스트를 잠시 잊기 위해 꿈꾸던 파라다이스에 살고 있다는 것을 이 장에서 읽었습니다. 우리에게는 하루 24시간 먹을 것이 충분합니다. 그리고 추위 속에 더 이상 주 80시간 일할 필요가 없습니다. 또한 섹스 파트너를 찾기 위한 앱이 있습니다. 아마도 다음 질문에 대한 답은 준비되어 있을 것입니다.

"몇 시간 동안 박스 안에 혼자 앉아 있는 고양이처럼, 우리 사회에서 그렇게 하는 것이 왜 그리 어려운가?" 왜냐하면, 우리는 우리를 둘러싼 세상에서 생각이 어느 정도 안정이 되면 휘파람을 불며 밖으로 나가기 때문입니다. 그러나 할 일을 마친 다른 사람들도 그때 해시태그 #lifeyourbestlife를 사용하며 밖으로 나옵니다.

이 세상을 '하는 일 없이 빈둥거리며 돌아다닌다'라는 생각이 한순간도 없다면, 아무것도 안 하기를 할 수 없습니다. 하루 30분간 혹은 그 이상 무엇인가를 계획 없이 하기 위해 이유를 가질 필요가 없습니다. 자기 발전과 같은 스트레스를 증가시키는 현대적 바람을 내려놓는 것이 중요합니다. 아무것도 안 하기는 우리를 어느 곳으로 인도할 필요가 없습니다.

어떤 큰 문제를 잠시 생각하지 않는다고 해서 그 문제를 잘 해결하는 것은 아닙니다. 많은 사람이 그렇게 문제를 해결하려고 시도하고 있습니다. 그것은 문제를 별도로 분리해서 방치해 두는 것입니다. 그리고 계속 그렇게 한다면, 우리에게 정신적으로 문제는 없는지 확인해봐야 합니다. 우리가 너무 많은 문제를 해결하지 않고 몸 안에 쌓아 두기 때문입니다. 사회가 목적이 없는 아무것도 안 하기를 완전히 포용할 만큼 아직 준비가 되지 않았기 때문에 우리는 이 책에서 부수적인 장점을 열거하고자 합니다. 그것이 당신을 편한 마음으로 아무 생각 없이 앞을 응시하도록 가끔 고무시키길 바랍니다.

창조적인 사람은 그가 아무리 뛰어나다고 해도 하루 24시간 천재적일 수는 없습니다.

문제를 해결하려 하지 말고, 또 다른 하나의 생각 속에 방치하려 하지 말고, 그냥 있는 그대로 내버려 두세요. 그럼 스스로 알아서 잘 해결됩니다. 삶에서 일어나는 모든 일과 마찬가지로 창의성은 조화를 찾는 것이 중요합니다. 아무것도 안 하는 중에 가장 뛰어난 계획이 갑자기 찾아옵니다.

아무것도 안 하기는
이 세상에서
가장 어려운 일이다.
가장 어렵고 가장
지적인 일이다.

오스카 와일드

J.K. 롤링은 승객으로 가득 찬 기차 안에서 무심코 밖을 바라보다가 『해리포터』 아이디어를 얻었습니다. 그녀는 종이와 펜을 가지고 있지 않아서 스트레스를 받았습니다. 그러나 그 기차 여행을 하는 동안 특별한 재능을 지닌 학생들이 7과목 수업을 듣는 학교를 몇 시간에 걸쳐 곰곰이 생각했습니다.

아무것도 안 하기는 창의적인 사람들에게 도움이 됩니다. 그러나 나쁜 명성도 가져다줄 수 있습니다. 예술가들은 정부에서 보조해주는 돈 덕택에 살아가는 빌붙어 먹는 사람들, 혹은 보조금 흡입자들이라는 이미지로 비난을 받습니다. 그러나 상징적으로만 그렇지 실제로 괴롭힘을 당하지는 않습니다. 그들이 매월 게으름에서 벗어나 자신의 그림에 한 획을 긋는 수고를 하기 때문입니다. 그들은 그러한 작품에 <교차하지 않는 선(one line, no cross)>혹은 <무제 24354>라고 이름을 달아 놓습니다.

그러나 진짜 예술가는 열심히 일합니다. 그런 명예롭지 못한 말들이 나오지 않게 하려고 열심히 일을 합니다. 그럴 때 창의성이 누군가에게 신기하게도 불현듯 일어납니다. 창의적인 사람은 그가 아무리 뛰어나다고 해도 하루 24시간 천재적일 수는 없습니다. 하루 중 머리가 텅 빈 것 같은 순간이 있습니다. 그는 그 순간 잠시 가장 싫어하는 사람의 이름조차도 떠올릴 수가 없습니다. 그리고 그 순간에 '내가 정말 충분한 능력을 갖추었나?'라는 생각도 합니다.

"긴장을 피하세요. 생각을 즐기세요. 그럴 때 생각이 떠오릅니다." 이 말은 아무것도 안 하기의 맛을 간략하게 요약한 것입니다.

엘리자베스 길버트는 2009년 그녀의 메가 베스트 셀러『먹고 기도하고 사랑하라』를 발표한 후 3년이 지나서야『테드 토크』를 출간했습니다. 그녀가 베스트 셀러 작가가 된 이후에 받은 압박과 두려움에 대하여 사람들이 질문한 이야기를 그 책에 엮어 놓았습니다. 말하자면, '다음에 출간된 책이 심한 비평을 받을까 두렵지 않습니까?' 혹은 '당신이 성공을 더 이상 얻지 못하여 잊혀질까 두렵지 않습니까?'와 같은 질문입니다. 그녀는 솔직하게 그러한 두려움을 인정했으며, 그런 두려움을 갖는 원인은 자기 자신에게 있다고 했습니다. 또한, "예술가들이 항상 창조적인 정신을 소유했다고, 르네상스 시대까지 사람들은 믿었다."라고 그녀는 설명합니다.

그들에게 창의성을 가져다준 외부의 영향력은 좋기도 하고 나쁘기도 했습니다.

르네상스 시대의 예술가들은 성공하였지만 실패도 했습니다. 성공과 실패는 어느 하나만 존재하지는 않습니다. 또한, 성공과 실패는 예술가들에게만 있는 것도 아닙니다.

르네상스 이후 개인주의가 크게 유행했고 외부의 비평에 대한 의식이 사라졌습니다. 외부의 비평을 무시하고 의식하지 않음으로써 예술가와 학자는 갑자기 스스로 천재가 되었습니다. 길버트에 따르면 그들의 천재성이 받는 압박은 너무 컸으며 외부 영향력에 대한 생각은 재평가 받아야 했습니다.

미국 드라마 <프렌즈>의 모든 방송분을 소파에 푹 가라앉아서 세 번째 다시 보고 있다면 약간의 죄책감을 느낄 것입니다. 인생에서 모든 것을 다 얻어내지 못하고 있기 때문입니다.

영국의 희극 그룹 '몬티 파이톤'의 우상 존 클리즈는 책을 많이 읽고 썼으며, 창의성의 유래와 관련하여 많은 대담을 가졌습니다. 그는 2014년 텔레비전 프로그램 <컬리지 투어>와 인터뷰를 했습니다. 창의성의 도출은 각자 처해있는 상태에 따라 다르다고 그는 말했습니다.

"우리가 즐기며 긴장이 풀린 상태에 있는 것은 중요합니다. 긴장 완화가 가장 중요합니다. 긴장을 풀었을 때만 우리가 모르는 것이 속삭이는 소리를 들을 수 있습니다."라고 그는 설명합니다.

그 모르는 것은 길버트가 설명한 '천재성'이 될 수 있습니다. 클리즈는 사람들이 지금은 덜 창의적이라고 생각합니다.

'아무도 휴식을 취하지 않기' 때문입니다.

사람들은 온종일 주의를 빼앗깁니다. 그리고 수천 가지 일을 동시에 처리하며 앉아 있습니다. 인터넷에 연결되면 수천 곳에 동시에 있을 수 있습니다. 카페에서 와인과 치즈를 먹으면서 데이트를 하지만, 애정 문제를 가진 다른 여자친구 혹은 은퇴 후 생활을 염려하는 아버지께 앱으로 문자를 보내고 있습니다.

주의를 빼앗기는 것과 긴장은 창의성에 치명적입니다. 클리즈는 말합니다.

"우리는 자신만의 세계에 머물러야 합니다. 문을 닫거나 공원에 가서 앉아 아무것도 하지 말고 가만히 있어 보세요. 20분간 아무 일도 일어나지 않습니다. 그때 우리는 해야 할 모든 것을 생각합니다. 전화해야 할 사람들의 이름을 모두 적어봅니다. 그러면 20분 후, 마음이 안정됩니다. 이것은 명상과 비교 가능한 프로세스입니다.

그때 우리는 생각이라는 주제로 넘어갑니다. 억지로 하지 마세요. 긴장을 피하세요. 생각을 즐기세요. 그럴 때 생각이 떠오릅니다." 이 말은 아무것도 안 하기의 맛을 간략하게 요약한 것입니다.

창의성은 주문하여 오는 것이 아닙니다. 그렇지만 어느 순간 창의성을 맞이할 수 있습니다. 그 순간 모든 것을 내려놓고 모든 생각을 어느 정도 흘려보내고, 하루의 시간을 실용적으로 보내기 위해 중요한 생각과 해야 할 일을 적어보세요.

아무것도 안 하기에 성공한 사람들

'서툴게 하다'라는 뜻을 가진 네덜란드어 단어 'Aanmodderen(안모더런)'은 '뒤죽박죽으로 만들다'의 뜻을 지닌 'Aankutten(안퀴턴)'과 의미가 비슷한 흥미있는 네덜란드 단어입니다. 하지만 번역하기는 쉽지 않습니다. 그런데 서툴고 일을 망치는 것은 창의성을 가져다 줄 수 있습니다. 단지 신경과 의사들뿐만 아니라 예술가들도 그렇게 주장합니다. 목록을 작성하기 좋아하는 사람들을 위해 아무것도 안 하기에 성공한 유명한 사람들 몇 명을 열거합니다.

- 살바도르 달리: 낮잠을 철저히 잤습니다.
- 레오나르도 다빈치: 일을 너무 많이 하지 않았습니다.
- 페데리코 펠리니: 많이 빈둥거렸습니다.
- 구스타프 말러: 끝없이 같은 장소를 돌았습니다.
- 거트루드 스타인: 젖소를 찾아가 시간을 젖소와 함께 보냈습니다.
- 돌리 파튼: 모든 인생의 행복을 위한 돌리주의를 정립했습니다.

"인생을 가꾸는 것을 잊을 정도로 인생을 너무 바쁘게 만들지 마세요."

영감

가끔 무엇을 먹어야 할지 모를 때가 있습니다. 혹은 우리가 설립하길 원하는 미래의 정당에 대한 영감이 떠오르지 않습니다. 우리는 그냥 알지 못합니다. '무엇이 유행이지?', '주변에 무슨 일이 일어나고 있지?', '내가 그것으로 무엇을 할 수 있지?'와 같은 질문들이 머릿속에서 일어날 것입니다. 그리고 우리는 생각합니다.

'휴우... 잠시 내버려 두자. 잠시 머리 좀 식혀야지.' 그런 다음에 갑자기 생각이 떠오릅니다. '그래! 파스타 알라 푸타네스카(매운 이탈리아 파스타)를 먹을 거야. 멸치, 올리브 그리고 케이퍼(지중해산 식물)를 넣고 만든 요리, 바로 그거야!' 이 생각은 어느 순간에 하늘에서 뚝 떨어진 것이 아닙니다. 그렇지만 거기에는 뛰어난 아이디어가 있습니다. 그 아이디어는 이미 몇 주간에 걸쳐 머릿속에 스며들고 있었습니다. 그리고 잠시 쉬면 뇌는 어느 순간에 신기한 연결고리를 만듭니다. 그런 연결은 완전히 비논리적인 것처럼 보이지만 논리적인 것으로 밝혀졌습니다. 그렇게 되기까지는 시간이 많이 필요하지만 휴식도 많이 필요합니다.

생각의 분산

미국의 정신과 의사 스리니 필래이는 하루 종일 빈둥거리는 것을 열렬히 옹호합니다. 온종일 단지 깊은 생각에만 잠겨 있는 것은 의미 없습니다. 가끔 생각을 분산시켜야 합니다. 그는 자신의 저서 『집중을 덜 할수록 효과는 더 크다』에서 집중을 덜 해야만 한다고 사람들에게 설명하면, 그들이 곧바로 그의 말에 적극적으로 반응하지 않는다고 썼습니다.

"사람들은 목표를 낮추거나 약간 실수도 해야 한다는 의미로 생각한다. 그들은 아마추어가 되길 원하지 않는다. 엉망으로 만들기, 생각에 잠기기, 실수 그리고 노력에 대하여 내가 그들에게 말하기 시작하면, 냉소적인 반응을 자주 얻는다."

네덜란드에서 사람들은 여러 가지 일을 시작하지만, 그들에게는 계속 실패하는 것에 대한 두려움이 팽배해 있습니다. 그런데도 아무것도 집중하지 않고 빈둥거려보는 것이 우리에게 좋다고 필래이는 말합니다. 그는 책에서 단순한 생각에 잠기기(우리 안에 들어오는 생각에 관하여 이야기하기), 자기 자신에게 이야기하기 혹은 공상에 잠기기와 같은 생각을 분산시키는 여러 가지 방법을 제시합니다. 여러분이 이미 예상하듯 이것들은 전형적인 아무것도 안 하는 행동입니다.

온종일 단지 깊은 생각에만 잠겨 있는 것은 의미 없습니다. 가끔 생각을 분산시켜야 합니다.

또한 필래이는 뇌 안의 '디폴트 모드 네트워크(아무것도 안 하는 동안 뇌가 상당히 활성화되는 부분)'에 관한 책을 여러 권 출간했습니다. 학자들은 오랫동안 뇌의 그 부분에서는 어떤 반응도 거의 일어나지 않는다고 생각했습니다. 그러나 그 부분이 정신적인 질환 및 알츠하이머 같은 난치병과 관련하여 얼마나 중요한지 점점 분명해지고 있습니다. 그 부분에서 연결고리, 즉 창의성이 생성됩니다. 그것은 '디폴트 모드 네트워크'를 가끔 훈련하는 것을 도와줍니다. 예를 들면, 한 공간에 있는 물건 두 개 사이에 어떤 관계가 있는지 생각해보는 것입니다. 하지만 편안히 생각 없이 끄적거리거나, 두 개의 물건을 바라보며 깊게 생각하지 않고 그림을 그려볼 수 있습니다.

미루기

마땅히 해야 할 일을 하지 않으면서 보내는 시간은 아무것도 안 하기에 아주 적합합니다. 미루기는 많이 언급되는 인간의 '문제'입니다. 내일 아침에 완성되어 있어야 할 발표 자료를 만들어야 합니다. 그런데 갑자기 '시간'은 늘릴 수 있는 개념이라고 생각합니다. 자신이 중등학교 시절에는 창의력이 풍부했었다는 기억을 갑자기 떠올립니다. 혹은 새벽 4시에 일어날 수 있다고 생각하며 발표 자료를 완성하기 위해 아직 5시간이 남았다고 생각할 것입니다. 어떻게 자책하는 마음도 없이 그렇게 미룰 수 있을까?

해야 할 일을 미루는 것은 자주 부정적인 것, 게으른 사람들이 하는 것으로 여깁니다. 그렇지만 무엇인가를 하기 위해 아직 준비가 안 되었다는 사실로 받아들일 수도 있습니다. 해야 할 일 목록 중 하나에 완료 표시를 하는 것은 기분 좋은 일입니다.

배우 겸 작가 제니퍼 손더스는 미루는 것을 찬양합니다. 그녀는 수년간 미룬 끝에 제작된 영화 <앱솔루틀리 패뷸러스>에 대한 인터뷰에서 미루기가 바로 자신의 창의성을 위해 필요했다고 설명했습니다. 그녀는 영화 대본을 열심히 쓰는 대신에 정원 손질을 하면서 생각을 꽃 피웠고 나쁜 생각을 떨칠 수 있었습니다.

그것은 그녀가 정말 마지막 순간이 되어서야 원고를 완성한 것에 대한 빈약한 핑계일 수 있습니다. 미루는 행동은 모든 세기에 걸쳐 문헌에 자주 소개되었습니다. 그것은 대체로 인간이 버리고 싶어 하는 부정적인 면입니다. 데드라인이 있다면 곤란할 것입니다. 빅토르 위고는 집 안에 있는 모든 옷을 감추게 하고, 집필 작업이 끝날 때까지 자루처럼 생긴 모직 옷을 입고 온종일 글을 썼다고 합니다.

안니 M.G. 쉬미트는 미룰 수 있을 때까지 최대한 미루다 글을 쓰기 시작했습니다.

귀스타브 플로베르는 『보바리 부인』을 집필하는 동안 철저히 망가졌습니다.

"나는 가끔 공허함을 느낄 때, 단어가 생각나지 않을 때, 종이에 낙서를 가득 채웠다. 그런 다음 한 문장도 완성하지 못했다는 것을 깨달았을 때, 소파에 쓰러졌고 절망의 늪에 빠져 멍하니 누워있었다. 나를 증오하였고 미친 용기를 갖고서 꿈같은 장면을 추구하는 나 자신을 탓했다. 그리고 15분이 지난 후 모든 것이 달라졌다. 나의 심장은 다시 기쁨으로 뛰기 시작했다."

보세요. 여기에서 아무것도 안 하는 것이 얼마나 멋진 효과를 내는지 알 수 있습니다. 우리 자신에 대한 모든 이상한 생각들, 절망, 철저하게 실패하는 것에 대한 두려움, 이것들을 어딘가로 내보내야 합니다.

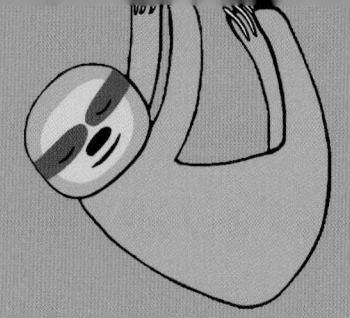

게으름뱅이

세계적으로 유명한 게으름뱅이를 문학세계에서 찾아볼 수 있습니다. 일리야 일리치 오블로모프는 아마 가장 유명한 인물일 것입니다. 이반 콘챠로프는 1858년 『오블로모프』를 출간했습니다. 일리야는 아무것도 안 하기를 꼭 원한 것은 아니었습니다. 그러나 그는 침대에서 나올 수 없었습니다. 가끔은 그럴 수 있었지만, 삶이 그에게 호의적이지 않아 다시 침대로 돌아갔습니다. 그가 게으른 사람이었을까요? 아니면 그는 우울증을 앓고 있었을까요? 우리는 이 나무늘보처럼 게으른 자를 동정하지 않습니다. 엉덩이를 발로 차서 일어나게 하고 밖으로 끌어내야 하지만, 우울증을 가진 사람에게 우리는 더 많은 동정을 보냅니다. '내 삶이 어디에 쓸모가 있을까?' 라는 해결되지 않을 문제를 모든 사람이 쉽게 극복하지 못한다는 것을 우리가 잘 알고 있기 때문입니다.

네시오는 1911년 출간된 책 『게으름뱅이』에서 아무것도 안 하는 것과 게으른 것의 경계가 분명하지 않다는 것을 보여줍니다. 이 책은 보헤미안으로 남길 원하는 보헤미안 집시 출신 야삐에 관한 이야기입니다. 일부 프랑스의 귀족들은 19세기에 집시들이 자유방임주의적 삶을 살도록 해주었습니다. 편안히 걱정 없이 하고 싶은 것을 하며 살게 했습니다. 야삐는 다른 사람이 주는 것으로 살았습니다. 사람들이 버리는 것들이었습니다. 적선도 구걸했습니다. 그러나 야삐는 아무것도 안 하는 것을 버릴 수 없었습니다. 그는 스스로 직접 언급한 것처럼 정말로 '쇠하여 죽어가는' 사람 그 자체였습니다.

"배고픔과 잠, 추위 그리고 몸이 축축해지는 것에 점점 무감각 해진다. 그것들은 나의 가장 큰 적이다. 끝없이 언제나 먹고 잠을 자야 했다. 추위를 벗어나야 했다. 몸은 비에 젖었고 비참하게 보이고 피곤하다. 물이 출렁거리며 구름을 반사하는 호수는 편안하다. 계속 다른 것 같지만 변하지 않는다. 호수는 아무런 불편함이 없다." 그는 자연적으로 죽지 못했습니다. 그는 살기 위해 일을 해야 했고, 그 일은 그를 완전히 파멸로 몰고 갔습니다.

실용적인 팁

주의산만을 없애는 방법

실용적인 팁

미칠 것 같다는 생각과 번아웃 될 것 같은 생각 그리고 잡동사니와 같은 생각이 머릿속에 가득 차 있을 때, 주의가 산만해질 것입니다.

• 핸드폰을 끄세요

우리는 여러 가지 일을 동시에 더욱 많이 처리하는 시대에 살고 있습니다. 그래서 우리는 모두 주의력결핍 과잉행동증후군(ADHD)과 비슷한 증세를 지닌 채 살고 있습니다. 핸드폰은 주의 산만의 원천입니다.

식사 중에도 업무 이메일을 처리해야 하지만, 다 마칠 수가 없습니다. 맡겨진 책임으로 평가를 받기 때문입니다. 어느 한 부류의 직업군은 다른 직업군보다 정도가 더 심합니다. 그리고 누구나 나쁜 업무 평가를 이메일로 받을 수 있습니다.

그러한 이메일은 우연히 휴가 중에나 저녁 시간에 열어볼 수 있습니다. 그것은 새로운 걱정거리를 가져다주기 때문에 아무것도 안 하고 있을 수 없습니다. 아무것도 안 하는 도중에는 핸드폰을 비행기 모드로 설정하는 것이 좋습니다.

• 기니피그를 키워보세요

쓰다듬어 주고 싶은 다른 야행성 동물도 물론 가능합니다. 혹은 고양이도 괜찮습니다. 그 동물이 차분하기만 하면 괜찮습니다. 낮에 엉덩이를 깔고 게으르게 누워있는 것을 가장 좋아하면 적당합니다. 밤에는 활기를 띠고 낮에 잠을 자는 동물도 가능합니다. 혹은 바라보기에 아주 흥미로운 동물이면 좋습니다. 기니피그는 아주 적합한 동물입니다. 단, 기니피그가 잠을 자는 장소가 침대에서 먼 곳이어야 합니다. 그렇지 않으면 밤에 잠에서 깰 수 있습니다. 기니피그를 쓰다듬는 것이 실제로는 아무것도 안 하는 것은 아닙니다. 기니피그를 쓰다듬고 있기 때문입니다. 살아있는 동물에게 관심을 주고 있습니다. 하지만 기니피그는 우리가 안정을 찾는 데 도움을 주는 수단이 될 수 있습니다. 여러분이 정말 계속 가만히 앉아 있지 못하는 사람이라면 도움이 됩니다. 그런데 기니피그나 다른 동물은 정말로 잘 보살펴야 합니다.

그럴 때마다 '오로지 혼자만의 즐거움을 위해서 동물을 키우는 것은 반사회적이지 않습니까?' 라는 전형적인 네덜란드식 질문이 제기됩니다. 흠, 그럼 동물을 직접 한번 키워보시죠? 당신이

100% 이기적이지 않다는 증거를 제시하세요. 아! 동물보호소에 있는 동물을 키워볼 수 있겠군요. 그렇지만 개인적인 이익을 여전히 우선순위에 둘 것입니다.

우리는 기니피그를 정말로 원하지 않는 사람을 아직 보지 못했습니다. 기니피그를 싫어하는 사람이라면, 아주 불쌍한 사람일 것입니다. 요즘에는 기니피그에게 좀 더 나은 삶을 주기 위해 자신의 행복을 양보하는 사람들이 있습니다. 그것은 아주 다른 논쟁거리가 되었습니다. 우리는 지금 아무것도 안 하기를 알아가고 있는 중입니다.

• 있고 싶은 장소에서 아무것도 안 하기

이미 언급한 바와 같이 아무것도 안 하기 위해서는 먼저 아무것도 안 할 생각을 해야 합니다. 그렇지만 집 안의 한쪽 구석에 혹은 당신이 자랑스러워하는 곳에 공간을 마련한다면, 아무것도 안 하는 데 도움이 됩니다. 그곳에는 직접 설치한 선반이 있고 구매 후 3년이 지났는데도 아직 살아 있는 식물이 놓여 있을 것입니다. 그러한 장소에서는 아무것도 안 하고 싶은 마음이 저절로 우러납니다. 만일 다른 사람이 선반을 설치하였다면, 그것에 대하여 공손하게 고마워하면 됩니다. 그런 마음은 편안한 꿈의 세계에 완전히 푹 빠질 수 있는 훌륭한 기반입니다.

• 또 다른 실용적인 팁

당신의 기본적 욕구를 해소하세요. 화장실에 다녀오고 식사를 하거나 맛있는 것을 집에 마련하세요. 그리고 무엇보다 너무 조이는 옷을 입지 마세요. 내장을 조이는 허리띠를 매고 아무것도 안 하기를 하면 불편합니다. 기온이 쾌적한 곳이 아무것도 안 하기에 가장 적합합니다. 너무 춥지도 너무 덥지도 않은 곳이 좋습니다. 아무것도 안 하기를 잘 할 수 없다면, 비 오는 날에 시작하면 좋습니다. 그런 날에는 지붕에 있는 테라스를 수리하기 위해 자전거를 타고 프락시스 건축 백화점에 가는 대신, 소파에 앉아서 비를 감상하며 앉아 있으면 불편한 느낌들이 사라질 것입니다.

맺는 말

모든 사람이 한 가지 같은 생각을 하는 것 같습니다. 그것은 천천히 여유 있게 사는 삶입니다. 우리는 계속 돌아가는 놀이동산 기구처럼 발전된 기술의 쳇바퀴를 도는 데 지쳐있습니다. 잠시 쉬면서 자신의 본래 모습을 찾아야 합니다. 이미 수 세기 동안 사람들은 생산되는 모든 것을 누리며 살고 있습니다. 그래서 지구가 잠시 쉴 필요가 있다는 말조차 나오게 되었습니다.

우리는 아무것도 안 하기를 즐길 준비가 되었습니다.
"거기서 아무것도 안 하면서 뭐해?" 라는 비난이 "와, 편하게 아무것도 안 하고 있네?" 라는 격려로 변하고 있습니다.

우리는 중세시대 사람들이 꿈꾸던 세상에 지금 살고 있습니다. 세상은 계속 좋아지는 것 같습니다. 경제는 서서히 다르게 개편되고 있으며 기술 덕택에 집 밖으로 나가지 않아도 됩니다. 전혀 나가지 않아도 됩니다. 신선한 공기를 마시려고 집 밖으로 나가고 싶으면, 하고 있던 모든 일을 어디든지 가져가서 문제없이 처리할 수 있습니다. 이러한 시나리오 안에서는 정부의 지도자들이 서로 다투지 않고 사악한 의도를 가진 자들이 권력을 잡지 못할 것으로 우리는 기대합니다.

언제 그러한 세상이 이루어질지는 전혀 알 수 없습니다. 하지만 그때까지는 빈둥거리며 즐기는 것을 알아가면 됩니다. 가끔 완전히 아무것도 안 하기 위함입니다.

아무것도 안 하기에 대하여 알아보는 동안 우리는 함께 다른 사람들과 이 주제에 대하여 인터뷰하고 대화하면서 자주 생각합니다.

"왜 우리는 좀 더 천천히 살아갈 수 없을까? 왜 물질적인 측면으로 좀 더 좋게, 좀 더 빨리, 좀 더 아름답게 되어야 한다고 생각하며, 실제로 그 목표를 달성하려는 이유는 무엇일까?"

우리는 아무것도 안 하기를 즐길 준비가 되었습니다.

"거기서 아무것도 안 하면서 뭐해?"라는 비난이 "와, 편하게 아무것도 안 하고 있네?"

라는 격려로 변해야 합니다. 우리가 빈둥거리고 있는 사람들을 지나칠 때 약간 큰 소리로 이야기하면, 지나가는 사람이 "쉿, 사람들이 저기에서 아무것도 안 하고 있어요."라고 말할 수 있어야 합니다.

마치 강아지가 바구니 안에 앉아 창밖을 아무 생각 없이 응시하고 있을 때 우리가 조용히 지나가는 것처럼.

> 이제, 잠시 창가에 서서 밖을 편안하게 바라볼 수 있게 이 책을 구석에 던져버리세요.

권장 도서

- Eyal, Nir. Indistractable(주의산만하지 않기 위하여). Benbella Books, 2019
- Gini, Al. The Importance of being lazy(게으름의 중요성). Routledge, 2003.
- Obbema, Fokke. De zin van het leven(삶의 의미). Atlas Contact, 2019.
- Postman, Neil. Amusing Ourselves to death(죽을 때까지 우리 자신을 즐기기). Penguin, 2005.
- Lightman, Alan. In praise of wasting time (시간 낭비 예찬). Simon & Schuster, 2018.
- Maas, Angela. Hart voor vrouwen (여성 심장 연구). de Arbeiderspers, 2019.
- Noort, Wouter van. Is daar iemand? (거기 누구 계십니까?)Thomas Rap, 2017.
- Toohey, Peter. Verveling (따분함). Atlas Contact, 2012.
- Rek, Wilma de en Hoogendijk, Witte. Van big bang tot burn-out (빅뱅에서 번아웃까지). Het grote verhaal over Stress (스트레스에 관한 중요한 이야기). Balans, 2017.
- Thoreau, Henry David. Walden & de plicht tot burgerlijke ongehoorzaamheid (서민적 불복종에 대한 의무). De Bezige Bij, 2014.
- Launspach, Thijs. Fokking druk (끔직한 바쁨). Spectrum, 2018.
- Pleij, Herman. Dromen van cocagne. Middeleeuwse fantasieën over het volmaakte leven (완벽한 삶에 관한 중세의 환상). Prometheus, 1997.
- Prins, Awee. Uit Verveling (지루함에서 벗어나기). Uitgeverij Klement, 2007.